12.80
30107
W0344071

Marianne Kaltenbach

Meine liebsten Vorspeisen

Hallwag Verlag Bern und Stuttgart

Lektorat: Urs Aregger
Umschlag und Gestaltung: Robert Buchmüller
Gesamtherstellung: Hallwag AG, Bern

© 1987 Hallwag AG, Bern
ISBN 3 444 10331 X

Hallwag

Inhalt

7 **Vorwort**

Salate

11 Geflügelsalat in Tomatenkörbchen
12 Insalata di verdura *(Gemüsesalat)*
Insalata alla ligure *(Ligurischer Salat)*
13 Insalata di finocchi *(Fenchel in Marinade)*
Insalata con salame e fichi *(Feldsalat mit Salami und frischen Feigen)*
14 Insalata di fagioli *(Bohnensalat)*
15 Insalata mista *(Gemischter Salat)*
16 Insalata con le noci *(Salat mit Walnüssen)*
17 Insalata di funghi *(Pilzsalat)*
18 Insalata di arance, cuori di finocchi e limoni-cedri *(Salat aus Apfelsinen, Fenchel und Zedratzitronen)*

Kalte klassische Vorspeisen

21 Antipasto colorato *(Bunte Vorspeise)*
Prosciutto e fave *(Rohschinken mit Saubohnen)*
22 Prosciutto e melone *(Rohschinken mit Zuckermelone)*
Antipasto di salumi *(Vorspeise mit Wurst und Schinken)*
24 Schinkenmousse
25 Funghi sott'olio *(Pilze in Öl)*
26 Peperoni dolci all'olio *(Peperoni im Öl)*
27 Pasticcio di fegato *(Leberpastete)*
28 Assiette exotique *(Vorspeise mit exotischen Früchten)*

Warme klassische Vorspeisen

31 Funghi alla casalinga *(Pilze nach Hausmacherart)*
32 Entlebucher Pilzschnitten
Cipolle al forno *(Gebackene Zwiebeln)*
34 Spargelgratin «Marianne» *(Überbackener Spargel)*
35 Feuilleté aux asperges *(Spargel in Sößchen auf Blätterteig)*
36 Pomodori ripieni *(Gefüllte Tomaten)*
37 Soufflé en tomates *(Käseauflauf in Tomaten)*
38 Panzarotti *(Gefüllte Teigtaschen)*
39 Fiori di zucca ripieni *(Gefüllte Kürbis- oder Zucchiniblüten)*
40 Zucchine e pomodori gratinati *(Überbackene Zucchini und Tomaten)*
41 Avocado-Toast
42 Melanzane al forno *(Auberginen im Ofen)*
43 Bagna caôda *(Gemüsebad)*
44 Schnecken «Francis»
45 Schnecken in Nußbutter
Escargots à la lie *(Schnecken mit «Lie»)*
46 Crocchette di pollo *(Geflügelkroketten)*
48 Crostini alla Toscana *(Geflügelleber-Toast)*

Fisch und Meeresfrüchte kalt

51 Salade de raie aux câpres *(Rochensalat mit Kapern)*
52 Matjesheringe in Zwiebelmarinade

53 Matjesheringe mit Orangen und Meerrettich
54 Heringsfilet mit Eiern und Curry
55 Acciughe marinate *(Marinierte Sardellen)*
56 Pomodori con acciughe e mozzarella *(Tomaten mit Sardellen und Käse gefüllt)*
57 Seeteufel «Maria Galante»
58 Kleiner Fischsalat
59 Ceviche
60 Seeforelle im grünen Mantel
61 Seeforelle mit Mayonnaise
62 Gravlax *(Marinierter Lachs)*
63 Sardinen in Marinade
64 Mousse de rougets au basilic *(Meerbarbenmousse mit Basilikum)*
65 Fischterrine mit Krevetten und Gemüse
67 Tomates aux crevettes *(Tomaten mit Nordseekrabben)*
69 Krevettencocktail à ma façon
70 Scampi *(Kaisergranate)* in Schnittlauchvinaigrette
71 Einfacher Tintenfischsalat
72 Neapolitanischer Tintenfischsalat
73 Insalata di mare
74 Avocados mit Jakobsmuscheln
76 Moules *(Miesmuscheln)* in Vinaigrette

Fisch und Meeresfrüchte warm

79 Meerbarbenfilets mit Zucchini
80 Forellenmousses mit Krebssauce
81 Sardinen im Ofen
82 Blinis mit Lachs und Kaviar
84 Pastetchen mit Hecht- und Lachsklößchen
86 Lachsleber auf Lauch
87 Gefüllte Moules «Galata»
88 Calamares à la Romana *(Tintenfischringe in Teig)*
89 Cozze alla sarcena *(Muscheln nach Sarazenerart)*
90 Austern im grünen Kleid

Eier- und Käsegerichte

93 Ei mit Krevetten
94 Cassolette d'œufs au poireau *(Verlorene Eier in Lauchsauce)*
95 Omelette «Mayola»
96 Omelette jurassienne *(Jura-Omelette)*
Mozzarella in carozza *(Mit Brot ausgebackene Mozzarellascheiben)*
98 Fonduta *(Piemontesisches Käsefondue)*

Wichtige Zutaten und Anweisungen

101 Mayonnaise
102 Beurre blanc *(Weiße Butter)*
104 Fumet de poisson *(Grundrezept)*
105 Fischbouillon
106 Weinsud
Muschelsud
107 Fond für Suppen und Saucen aus Schalentieren
108 So putzt man Tintenfische
109 Das Putzen der Miesmuscheln
110 Das Öffnen der Austern
111 Das Kochen und Öffnen von Taschenkrebsen

Vorwort

Die Vorspeisen, in der französischen Küchensprache «entrées» genannt, waren in früherer Zeit alles andere als nur der Auftakt zu einem guten Essen. Sie wurden nach dem sogenannen «relevé» und der Suppe in mindestens drei Varianten in der ellenlangen Speisefolge aufgetischt. Man unterschied zwischen Innereien, Eiergerichten, Croustaden und Timbalen, um nur einige davon zu nennen. Mit der Zeit avancierten diese Kleingerichte zu wirklichen «entrées», denen bestenfalls noch von reichhaltigen Hors-d'œuvres Konkurrenz geboten wurde.

Im Verlaufe der Zeit änderte sich in unserem Land diese Sitte, außer im Grand Hotel oder bei festlichen Essen. Immer mehr ersetzte man die Vorspeise durch eine Suppe oder, wenn man ganz fortschrittlich sein wollte, durch einen gemischten Salat und begnügte sich anschließend mit einer allerdings reichlich angerichteten Hauptspeise. Durch den Einfluß der «vielzitierten» Nouvelle Cuisine avancierten unsere bescheidenen Salate durch kleine Beigaben wie Fisch, Fleisch oder Foie gras wiederum zu «entrées». In der Folge wurde allgemein die Liebe zu Vorspeisen neu entdeckt. Man erfreut sich an kleinen, hübsch präsentierten Gaumenfreuden, die eine charmante «Ouvertüre» zu einem guten Mahl bilden. Ja, manchmal möchte man am liebsten das ganze Menü aus lauter kleinen «entrées» zusammenstellen. Klein, aber fein ist attraktiv geworden. So ist die Küche eben auch der Mode unterworfen.

Das mag vielleicht mit ein Grund sein, weshalb sich mein Verlag zu seinem 75-Jahr-Jubiläum eine — allerdings «gedruckte» — Auswahl dieser kleinen Gerichte gewünscht hat, die den vielen Freunden und Lesern des Hauses Freude bereiten soll. Ich habe dafür eine Anzahl Vorspeisen aus meinen Büchern herausgegriffen und neu zusammengestellt. Nun hoffe ich, daß Sie viel Spaß bei der Zubereitung haben. Dem Verlag Hallwag wünsche ich auch in Zukunft viel Erfolg.

Marianne Kaltenbach

Salate

Kaltes Hähnchenfleisch an einer leichten, gut gewürzten Zucchettisauce, in Tomaten serviert

Geflügelsalat in Tomatenkörbchen

3 dl Wasser mit Karotte, Selleriekraut, ungeschälter Knoblauchzehe, wenig Salz und Pfeffer und Hühnerbouillon aufkochen. Das Fleisch hineingeben. 30 Minuten kochen (im Dampfkochtopf nur 10 Minuten). Das Fleisch soll knapp weich werden und darf nicht zerfallen, damit es nachher geschnitten werden kann. Im Sud erkalten lassen. Inzwischen Zucchetti schälen, in kleine Würfel schneiden. Mit gehackten Schalotten in Butter anziehen lassen. Unter öfterem Wenden ohne Beigabe von Flüssigkeit gardünsten (etwa 15 Minuten). Von den Tomaten einen Deckel wegschneiden. Sorgfältig aushöhlen. Das Tomatenfleisch gut ausdrücken. Mit 1/3 der gedünsteten Zucchetti im Mixer pürieren oder durch ein Sieb streichen. Das Püree mit Salz, Zitronensaft, Pfeffer kräftig würzen. Mit Rahm verfeinern und zuletzt mit Basilikum und Cayennepfeffer abschmecken. 1 Stunde kühl stellen. Geflügelfleisch von den Knochen lösen und Haut entfernen. In feine Scheibchen schneiden. Mit der Sauce und restlichen Zucchetti mischen und in die Tomaten einfüllen. Deckel wieder aufsetzen.

Variationen:

- Die Hälfte des Fleisches durch rohe, feingeschnittene Champignons ersetzen.
- Basilikum durch Herbes de Provence ersetzen.
- Kleine Peperoniwürfelchen (Paprikaschoten) beifügen.

Kann vorbereitet werden
Arbeitsaufwand: 30 Minuten

Für 4 Personen

400 g Geflügelfleisch mit Knochen (Huhn, Ente, Truthahn)
1 Karotte
1 Zweiglein Selleriekraut
1 Knoblauchzehe
Salz, Pfeffer
1/4 l Hühnerbouillon
300 g Zucchetti
1 Schalotte
1 Eßl. Butter
4 große schöne Tomaten
1 Eßl. Zitronensaft
2 Eßl. Rahm (wenn möglich Doppelrahm)
1 Teel. Basilikum
1 Prise Cayennepfeffer

Ein Salat aus gekochtem Gemüse — leider viel zuwenig bekannt!

Insalata di verdura

Gemüsesalat

Für 4 Personen

100 g Pilze, eingelegt
100 g Kartoffeln, gekocht
100 g weiße Bohnen, gekocht
100 g Brokkoliröschen, gekocht
100 g grüne Bohnen, gekocht
50 g Perlzwiebeln, eingelegt
8 Sardellenfilets

Sauce
1 Eßl. Weinessig
4 Eßl. Öl
Salz, Pfeffer
1 Teel. Senf
1 Knoblauchzehe, durchgepreßt
1 Schalotte, gehackt
1 Eßl. Petersilie, gehackt

Das Gemüse dekorativ anrichten und mit den Sardellenfilets garnieren. Die Zutaten für die Sauce mischen und über das Gemüse verteilen.

Ein einfacher, aber ausgezeichneter ligurischer Salat, als Vorspeise oder als kaltes, kleines Abendessen

Insalata alla ligure

Ligurischer Salat

Arbeitsaufwand: 30 Minuten

Für 4 Personen

4 Kopfsalatherzen
40 halbe Walnußkerne (Baumnußkerne)
Salz
1½ Eßl. Zitronensaft
3 Eßl. Olivenöl
2 große saftige Birnen

Den Salat putzen und senkrecht übers Kreuz je in 4 Teile schneiden. Waschen und auf Küchenpapier trocknen lassen (nicht pressen!). Die Hälfte der Nüsse grob hacken und den Rest ganz belassen. Mit dem Salat in eine große Schüssel legen. Salz und Zitronensaft in einer Tasse verrühren. Öl zugeben. Die Birnen schälen, entkernen und in Würfel schneiden. Zum Salat geben, die Sauce darübergießen und sofort servieren.

Frischer Fenchel, in Zitronenmarinade eingelegt, paßt auf jedes Vorspeisenbuffet.

Insalata di finocchi

Fenchel in Marinade

Die Fenchel in etwa 1 cm breite Streifen schneiden, gut waschen und 3 bis 4 Minuten in leicht gesalzenem Wasser vorkochen. Gut abtropfen lassen. Öl, Thymian, Lorbeerblatt, kleingeschnittener Stangensellerie, Pfefferkörner, Koriander, Zitronensaft, Salz, Pfeffer und 2 Eßlöffel Wasser in eine flache Kasserolle geben und 6 Minuten köcheln lassen. Die Fenchel beifügen und zugedeckt 15 Minuten auf kleinem Feuer weiterdämpfen. In einer flachen Schüssel kalt servieren.

Kann vorbereitet werden
Arbeitsaufwand: 15 Minuten
Kochzeit: etwa 20 Minuten

Für 4 Personen

4 Fenchelknollen
Salz, schwarzer Pfeffer aus der Mühle
6 Eßl. Olivenöl
1 Prise Thymian
1 Lorbeerblatt
1 Stück Stangensellerie
5 Pfefferkörner
½ Teel. Koriander
Saft von 2 Zitronen

Eine kleine Vorspeise, die etwas aus der Reihe tanzt. Sie ist nicht typisch für das Tessin, wurde aber von Agnese Broggini, einer Tessinerin, kreiert. Der Salat und die Feigen passen ausgezeichnet zur Salame nostrano.

Insalata con salame e fichi

Feldsalat mit Salami und frischen Feigen

Den Feldsalat waschen und gut abtropfen lassen. Die Salami (ohne Haut) in kleine Würfel schneiden. Die Feigen schälen und halbieren. Aus den aufgeführten Zutaten eine Sauce anrühren und zum Feldsalat geben. Sorgfältig mischen, den Salat auf 4 Teller verteilen. Die Salamiwürfel und die Feigenhälften dekorativ darüber anordnen.

Für 4 Personen

200 g Feldsalat (Nüßlisalat)
150 g Tessiner Salami am Stück
4 frische Feigen

Sauce
4 Eßl. Olivenöl
1 Eßl. Weinessig
Salz, Pfeffer
1 Knochlauchzehe, durchgepreßt

Für ein Salatbuffet wie gemacht — rote oder weiße Bohnen mit Peperoni und Tomaten an einer pikanten Salatsauce

Insalata di fagioli

Bohnensalat

Kann vorbereitet werden
Arbeitsaufwand: 30 Minuten
Zusätzlich Kochzeit: 1 Stunde

Für 4 bis 6 Personen

400 g rote oder weiße Bohnen
Salz, schwarzer Pfeffer aus der Mühle
1 Teel. Senf
2 Knoblauchzehen
6 Eßl. Olivenöl
2 Eßl. roter Weinessig
1 Eßl. Basilikumblätter, in Streifen geschnitten
1 Zwiebel
1 grüner Peperone
3 Tomaten
1 Eßl. gehackte Petersilie

Die Bohnen über Nacht einweichen. Mit 1 l Wasser und Salz 1 Stunde kochen. Sie sollen gar sein, aber nicht aufspringen. Erkalten lassen. Inzwischen Senf, durchgepreßten Knoblauch, Öl, Essig und Basilikum zu einer dickflüssigen (sämigen) Salatsauce rühren. Mit Salz und Pfeffer nachwürzen. Die Zwiebel auf der feinen Bircherreibe direkt in die Sauce reiben. Den Peperone auf dem Grill oder im Ofen leicht rösten, bis er sich schälen läßt. In kleine Würfel schneiden. Die Tomaten kurz in heißes Wasser tauchen, schälen und ebenfalls würfeln. Alle Gemüse mit der Sauce mischen. Vor dem Essen mindestens 1 Stunde stehenlassen. Zum Servieren mit der gehackten Petersilie bestreuen.

Tip: Wenn es schnell gehen muß, kann man diesen Salat auch mit roten Bohnen aus der Dose zubereiten.
Beilage: Frisches Brot.
Wein: Chianti oder Merlot.

Italienischer Salat ist auf der ganzen Welt überaus beliebt. Es gehört aber nicht alles hinein, was man bei uns kaufen kann, sondern nur gewisse Salatsorten. Auch kommt es auf die Sauce an. Die italienische Salatsauce ist die einfachste, die es gibt. Die Basis besteht nur aus Salz, Essig und Öl.

Insalata mista

Gemischter Salat

Für 4 Personen

Sauce
Salz
2 Eßl. milder Weinessig
4 Eßl. Olivenöl, beste Qualität (extra vergine)
Salate nach Belieben

Etwas Salz in einen Salatlöffel streuen, Essig zugeben und mit einer Salatgabel rühren, damit sich das Salz auflöst. Die Reihenfolge ist wichtig, da sich das Salz in Essig gut, in Öl hingegen schlecht löst. Den Essig über den Salat verteilen, das Öl darübergeben und sehr gut mischen.
Varianten:
- Salatschüssel mit Knoblauch ausreiben (an eine Gabel stecken)
- Feingehackte Sardellen mit dem Essig verrühren
- Estragonessig verwenden (1 Zweig Estragon in Essig einlegen)

Tip: Italienische Salatsauce enthält weder gehackte Zwiebel noch Kräuter. Gerade deshalb ist es sehr wichtig, daß ein erstklassiger Weinessig und das beste Olivenöl verwendet wird.

Dieser reichhaltige Salat ist ein richtiges Horsd'œuvre, das vorzüglich zu einem festlichen Essen paßt

Insalata con le noci

Salat mit Walnüssen

Arbeitsaufwand: 30 Minuten

Für 4 Personen

1 Staude Bleichsellerie
1 Kopf Endiviensalat
30 halbe Walnußkerne (Baumnußkerne)
4 hartgekochte Eier
4 Sardellenfilets
100 g Thunfisch (Thon)
Salz, Pfeffer
1 Eßl. Zitronensaft
1 Teel. Weinessig
3 Eßl. Olivenöl

Den Sellerie putzen, die äußeren Stangen entfernen und evtl. für eine Suppe beiseite legen. Den Rest waschen, abtrocknen und in 1 cm große Stücke schneiden. Endiviensalat waschen, die äußeren welken Blätter entfernen. Von den anderen den oberen grünen Teil wegschneiden. Die Blätter entzweischneiden. Das Herz des Salates ganz lassen und senk-

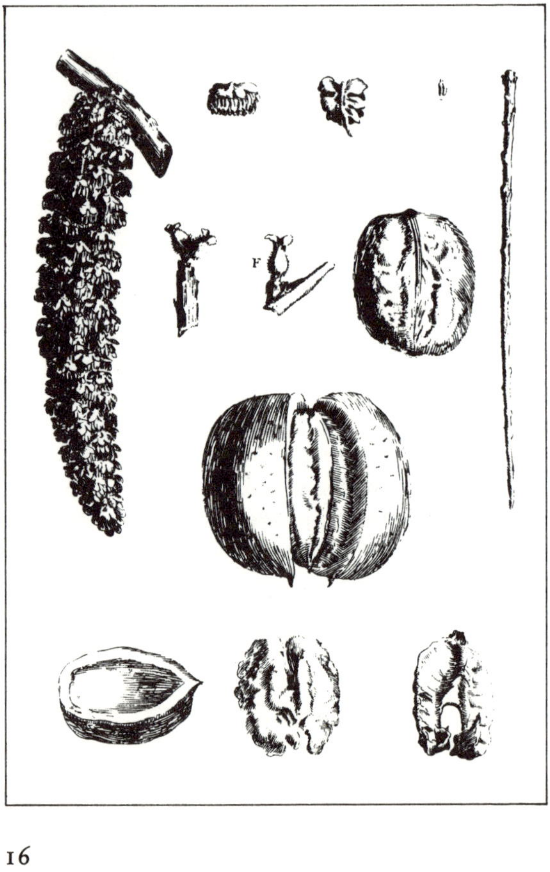

recht zuerst in Viertel, dann wieder quer in Streifen schneiden. Die Salate gut waschen und trocknen. In eine große Schüssel legen. Die Nüsse nach Belieben schälen (mit heißem Wasser übergießen, dann die braunen Häutchen entfernen), hacken. Die Eier in Viertel schneiden. Die Sardellen zerkleinern. Den Thunfisch mit einer Gabel zerzupfen. Alles auf den Salat legen. Wenig Salz, frisch gemahlenen Pfeffer, Zitronensaft und Essig in eine Tasse geben und gut mischen. Das Öl unter Rühren zugeben, damit eine gebundene Salatsauce entsteht. Diese Sauce unmittelbar vor dem Servieren über den Salat gießen.

Insalata di funghi

Pilzsalat

Arbeitsaufwand: 15 Minuten

Für 4 Personen

200 g frische Steinpilze oder andere Pilze mit festem Fleisch
2 Eier, hartgekocht
Salz, weißer Pfeffer
Saft von 1 Zitrone
1 dl kaltgepreßtes Olivenöl
2 Sardellen
1 Knoblauchzehe
30 g Parmesan
Weiße Trüffeln (nach Belieben)

Die Pilze putzen (alle Erde entfernen) und mit einem sauberen Tuch abreiben. Sie müssen ganz trocken sein. Die Pilze längs in dünne Scheiben schneiden und in eine flache Platte legen. Die harten Eigelbe durch ein Sieb streichen, mit Salz bestreuen und Zitronensaft zugeben. Die Knoblauchzehe an eine Gabel stecken und die Sauce damit rühren. Das Öl langsam zugießen, damit eine dickflüssige (sämige) Sauce entsteht. Die Sardellen in kleine Stücke schneiden und daruntermischen. Mit Pfeffer abschmecken und die Sauce über die Pilze verteilen. Den Parmesan mit dem Kartoffelschäler in ganz feine Scheiben schneiden und darüberstreuen. Je nach Saison mit geriebenen weißen Trüffeln bereichern.

Tip: Beim Kaufen der Pilze muß man darauf achten, daß die Steinpilze noch geschlossen und fest sind. Dieser Salat darf in keinem Fall im voraus zubereitet werden, da sonst die Pilze zusammenfallen und nicht mehr knackig sind.

Insalata di arance, cuori di finocchi e limoni-cedri

Salat aus Apfelsinen, Fenchel und Zedratzitronen

Für 4 Personen

4 Herzen von großen Fenchelknollen
4 schöne italienische Apfelsinen (Orangen)
2 Zedratzitronen (Zitronatzitronen)
2 Eßl. Olivenöl
½ Eßl. Essig (nach Belieben)
Salz, Pfeffer

Von den Fenchelknollen alle harten Blätter entfernen und nur die «Herzen», also den sehr zarten, inneren Teil verwenden. Waschen, trocknen und in Würfel schneiden. In eine Salatschüssel geben. Die Apfelsinen großzügig schälen, so daß alle weißen Teile der Haut entfernt werden. Ebenfalls in Würfel schneiden. Die Zedratzitronen schälen, den weißen Teil der Haut jedoch belassen, weil er bei diesen Früchten nicht bitter ist. Ebenfalls kleinschneiden und zu den Apfelsinen- und Fenchelwürfeln geben. Mit Öl, Essig nach Belieben, Salz und Pfeffer abschmecken. Gut mischen.

Wein: Corvo bianco di Castel d'Accia oder Capo bianco.

Kalte klassische Vorspeisen

Eine einfache, hübsch aussehende Vorspeise für den Frühling oder für warme Sommertage

Antipasto colorato

Bunte Vorspeise

Löwenzahn oder Blattsalat putzen, waschen und gut abtropfen lassen. Die Eier 8 Minuten kochen, dann kalt abschrecken. Sie sollen nicht zu hart werden. Die Tomaten halbieren, mit wenig Salz bestreuen und mit der Schnittfläche nach unten in ein Sieb legen, damit Kerne und Saft auslaufen. Das Brot in kleine Stücke schneiden. In eine kleine Schüssel geben und mit 2 bis 3 Eßlöffeln Weinessig begießen. Die Sardellenfilets hacken. Den Thunfisch mit einer Gabel zerzupfen. Brot ausdrükken, mit Sardellenfilets, Petersilie, durchgepreßtem Knoblauch, Zwiebelscheiben und Olivenöl zu einer Sauce verrühren. Mit Salz und Pfeffer abschmecken. Die Hälfte der Sauce mit der Mayonnaise mischen. Den Thunfisch unter die Sauce ziehen. ½ Eßlöffel Weinessig und 2 Eßlöffel Olivenöl mit wenig Salz und Pfeffer verrühren. Mit Löwenzahn oder Blattsalat mischen. Den Salat auf eine große Platte auslegen. Die halben Tomaten mit dem Thunfisch an der grünen Sauce füllen. Auf den Salat verteilen. Die Eier schälen, längs halbieren und zwischen die Tomaten legen. Mit der restlichen Sauce begießen.
Beilage: Frisches Brot.

Arbeitsaufwand: 30 Minuten

Für 4 Personen

150 g Löwenzahnsalat oder grüner Blattsalat
4 Eier
4 feste, reife Tomaten
Salz, Pfeffer
1 Semmel
2 bis 3 Eßl. Weinessig
4 Sardellenfilets
100 g Thunfisch (Thon aus Dose), abgetropft
2 Büschel Petersilie, fein gehackt
½ Knoblauchzehe
3 hauchdünne Zwiebelscheiben
1 dl Olivenöl
1 Eßl. Mayonnaise
½ Eßl. Weinessig
2 Eßl. Olivenöl

Prosciutto e fave

Rohschinken mit Saubohnen

Zum Rohschinken kann man entschotete junge Fave-Bohnen (Saubohnen) servieren. Dazu reicht man einen roten oder weißen Landwein und Pane casereccio.

Prosciutto e melone

Rohschinken mit Zuckermelone

Arbeitsaufwand:
15 Minuten

Für 4 Personen

200 g Prosciutto crudo (Parma)
1 große, reife Melone oder 2 kleine Melonen
Salz

Die Melone waschen und kalt stellen. Vor dem Servieren von oben nach unten halbieren und, nachdem man die Samen mit einem Löffel herausgeholt hat, längs in Scheiben schneiden. Die Scheiben schälen und sternförmig auf einer runden Platte anordnen. Die Schalen lose darunterlegen. Den Schinken separat auf einer zweiten Platte servieren. Er kann nach Belieben mit Hilfe von zwei Gabeln gerollt werden. Salz dazu reichen. Die Melone wird am Tisch mit Salz bestreut. Das erhöht den Melonengeschmack.

Tip: Auf dem Land und in der Lombardei wird die Melone auch mit gut gereiftem Salami gegessen, was herrlich schmeckt. Man kann die Melonen auch durch frische Feigen ersetzen.

Beilage: Weißbrot.

Wein: Soave bianco.

Antipasto di salumi

Vorspeise mit Wurst und Schinken

Arbeitsaufwand:
10 bis 15 Minuten

Für 4 Personen

1 Salatkopf
100 g Prosciutto di Parma
150 g Prosciutto cotto
50 g Lingua salmistrata
50 g Salami
100 g Coppa
100 g Butter

Garnitur
Essiggürkchen (Cornichons)
1 Salatkopf

Den gewaschenen, gut abgetropften ganzen Salatkopf in die Mitte einer runden Platte legen. Mit Rohschinkenscheiben zudecken. Das restliche Fleisch dekorativ rundherum anordnen. Aus der Butter Röllchen formen. Einige Butterröllchen zuoberst auf den Salatkopf legen und die restlichen Röllchen auf das Fleisch geben.

Beilagen: Funghi sott'olio, Cipolline sott'olio, Peperoni sott'olio.

Wein: Orvieto secco.

Kleine gesulzte Schinkenköpfchen, die hübsch aussehen, gut vorbereitet werden können und als Vorspeise oder zu Salaten serviert werden

Schinkenmousse

Kann vorbereitet werden
Arbeitsaufwand: 20 Minuten
Zusätzliche Kühlzeit: 1 Stunde

Für 4 Personen

1/8 l Weißwein
3 Schalotten oder 1/2 Zwiebel
1 Eßl. Butter
300 g gekochter Schinken (evtl. Reste von selbstgekochtem Beinschinken)
3 Teel. Senf (Dijon)
3 Eßl. Schnittlauch, fein geschnitten
1 Eßl. Estragon, fein gehackt
Pfeffermischung
3 dl Sulze (aus Sulzpulver zubereitet)

Schalotten oder Zwiebel fein hacken. In Butter 2 bis 3 Minuten dünsten. Schinken in Streifen schneiden. Schinken, 3 Eßlöffel Weißwein, Schalotten oder Zwiebel, Senf, 1 Eßlöffel Schnittlauch und Estragon in den Mixer oder in eine Schneidemaschine geben und fein pürieren. Mit Pfeffer nachwürzen. Die Sulze nach Vorschrift zubereiten (restlichen Weißwein dazu verwenden). Kleine Pudding- oder Souffléformen dicht mit dem restlichen Schnittlauch bestreuen. Etwas Sulze* darübergeben und im Kühlschrank fest werden lassen. Die Schinkenmousse mit 5 Eßlöffeln Sulze mischen. In die Förmchen füllen und 1 Stunde kühl stellen. Vor dem Servieren stürzen.
Bemerkungen: Gut stürzen lassen sich die Förmchen, wenn man sie kurz vorher einen Augenblick in heißes Wasser taucht.

* Gallertmasse

Beilagen: Frisches Brot, Butter, kalte Kressesauce oder Schnittlauchsauce, Salat, gefüllte Eier usw.
Wein: Kühler Beaujolais.
Variationen:

- Sulze weglassen, 2 Eßlöffel Quark unter die Masse ziehen und die Schinkenmousse als Füllung für kleine Windbeutel oder Brioches** verwenden.
- Mousse in Cakeform einfüllen, eine Reihe hartgekochter Eier einlegen, nach dem Festwerden in Scheiben schneiden.
- Schnittlauch durch feingehackte Kresse ersetzen. In diesem Fall ohne Sauce servieren.
- Die Mousse in ausgehöhlte Tomaten füllen.

** feines französisches Hefegebäck

Eine Beilage zu Antipasti, die ich ganz besonders schätze — und sicher auch alle Pilzliebhaber!

Funghi sott'olio

Pilze in Öl

Für 4 Personen

1 kg frische, wenn möglich junge Pilze
5 dl Olivenöl
Salz
Thymian, Majoran
1 ½ dl weißer Weinessig

Die geputzten Pilze in einen niedrigen Topf geben und das Öl dazugießen. Salz, Thymian und Majoran beifügen. Zum Kochen bringen, Hitze etwas reduzieren und 20 bis 25 Minuten kochen lassen. Dabei gelegentlich mit einem Kochlöffel umrühren. Während des Erhitzens schäumt das Öl stark auf. Dieser Schaum verschwindet aber wieder. Am Ende der Kochzeit den Topf vom Herd ziehen. Kontrollieren, ob die Pilze genügend gesalzen sind. Den Essig beifügen und wieder aufkochen, bis sich erneut Schaum bildet. Dieser geht nach wenigen Minuten zurück. Die Pilze in eine Schüssel gießen und erkalten lassen. Zum Schluß die Pilze mit der Flüssigkeit in Gläser abfüllen und die Gläser mit geöltem Papier oder mit den dazugehörigen Deckeln verschließen.

Peperoni schmecken geschält viel feiner, und wenn man sie noch in bestes Olivenöl einlegt und pikant würzt, werden sie zu einer Delikatesse

Peperoni dolci all'olio

Peperoni im Öl

Kann vorbereitet werden
Arbeitsaufwand: 30 Minuten
Grillzeit: 10 bis 15 Minuten

Für 4 Personen

Je 2 rote, grüne und gelbe Peperoni
Salz, schwarzer Pfeffer aus der Mühle
3 Knoblauchzehen
1 Büschel Petersilie
Evtl. Saft von ½ Zitrone
2 dl Olivenöl

Die Peperoni im Ofen oder auf dem Grill braten, bis die Schalen bräunlich werden. In ein feuchtes Tuch einhüllen, 10 Minuten liegenlassen, dann die Haut abziehen und die Samen entfernen. In 3 cm breite Streifen schneiden und in eine flache Schüssel geben. Mit Salz, schwarzem Pfeffer, durchgepreßtem Knoblauch und gehackter Petersilie bestreuen. Eventuell noch mit Zitronensaft würzen. Mit Öl begießen und mehrere Stunden marinieren. *Tip:* Als Abwechslung kann man 4 bis 5 gesalzene Sardellenfilets kleingeschnitten beifügen.

Eine delikate und praktische Vorspeise, die sich im voraus zubereiten läßt und die auch auf einem kalten Buffet gut präsentiert

Pasticcio di fegato

Leberpastete

Für eine Schüssel von 1 l Inhalt

150 g Kalbsleber
150 g Hühnerleber
4 dl lauwarme Milch
1 Zwiebel
150 g Pancetta, gut gehackt
75 g Butter
1 Selleriestengel
1 Karotte
2 Salbeiblätter
2 Messerspitzen Fleischextrakt
Salz, Pfeffer
Thymian, Majoran
½ Gläschen Marsala

Die Leber in dünne Scheiben schneiden und während 2 Stunden in die Milch einlegen. Danach mit Wasser kalt abspülen und mit Küchenpapier trockentupfen. Die Zwiebel fein hacken und zusammen mit dem in kleine Würfel geschnittenen Pancetta* in 50 g Butter anziehen lassen. Sellerie und Karotte in kleine Würfel schneiden. Zusammen mit den Salbeiblättern in die Bratpfanne geben. Die Leber beifügen und 5 Minuten dünsten. Alles durch ein Sieb streichen und mit der restlichen Butter mischen. Fleischextrakt, Gewürze und Marsala dazugeben. Wenn alles gut vermischt ist, vom Herd wegziehen und mit einem Holzlöffel rühren, bis die Masse beinahe erkaltet ist. In eine Form füllen und 24 Stunden stehenlassen. Zum Servieren in Scheiben schneiden oder mit einem in heißes Wasser getauchten Löffel abstechen.

Tip: Man kann das Gefäß mit dünnen Speckscheiben auslegen oder die Pastete nach dem Erkalten mit einer leichten Sülzschicht überziehen. So bleibt die Oberfläche hell. Diese Pastete kann bis zu 3 bis 4 Tagen im Kühlschrank aufbewahrt werden.

* luftgetrockneter Bauchspeck, der vor allem in der Küche häufig gebraucht wird

Farbenfroh, exklusiv und leicht — ein hübsch arrangierter Teller mit exotischen Früchten und Rohschinken. Praktisch und erfolgreich, wenn eine größere Anzahl Gäste da ist

Assiette exotique

Vorspeise mit exotischen Früchten

Kann vorbereitet werden
Arbeitsaufwand: 20 Minuten

Für 6 bis 8 Personen

1 frische Ananas
1 Mangofrucht
2 Avocados
1 Eßl. Zitronensaft
1 Papaya
2 Kiwis
3 bis 4 Passionsfrüchte oder 3 bis 4 frische Feigen
300 g Rohschinken

Ananas schälen, 6 bis 8 etwa 1 cm dicke Scheiben schneiden. Mark ausstechen und Scheiben halbieren. Mango und Papaya ebenfalls schälen und längs in 6 bis 8 Schnitze schneiden (Kerne entfernen). Avocados halbieren, schälen, in Schnitze teilen und sofort das ganze Fruchtfleisch mit Zitronensaft bestreichen, damit es sich nicht verfärbt. Kiwis schälen, in dünne Scheiben schneiden. Die Passionsfrüchte oder Feigen längs halbieren. Feigen eventuell schälen. Auf jeden Teller 2 bis 3 Scheiben Rohschinken legen. Mit den exotischen Früchten garnieren.

Bemerkungen: Die Teller können ungefähr 1 Stunde vor dem Essen vorbereitet werden. Am besten überzieht man sie bis zum Servieren mit einer Klarsichtfolie und stellt sie wenn möglich in den Kühlschrank. Passionsfrüchte werden ausgelöffelt.

Beilagen: Frisches Brot mit Butter oder Blätterteigfladen mit Sesam.

Wein: Kühl servierter Gewürztraminer oder Muskat-Morio oder auch Jerez, evtl. weißer Portwein.

Variation: Exotische Früchte je nach Erhalt austauschen, eventuell mit Melonenschnitzen ergänzen. Passend sind auch Cherimoyas. Granatäpfel, Cherry-Tomaten.

Warme klassische Vorspeisen

Ein einfaches Pilzgericht mit pikanter Note, gewürzt mit wenig Pfefferminzblättern und Zitronensaft

Funghi alla casalinga

Pilze nach Hausmacherart

Für 4 Personen

500 g frische Pilze (beliebige Sorte, evtl. gemischt)
3 Eßl. Butter
1 Sardellenfilet, gehackt
2 Eßl. Petersilie, gehackt
1 Pfefferminzblatt, gehackt
Salz, Pfeffer
½ Zitrone

Die geputzten und in Scheiben geschnittenen Pilze in kaltes Wasser geben. In einer Bratpfanne die Butter erhitzen. Das gehackte Sardellenfilet mit der Petersilie und dem gehackten Pfefferminzblatt hineingeben. Unter ständigem Umrühren anziehen lassen. Die Pilze abgießen, mit Küchenpapier trockentupfen, hineingeben, mit Salz und Pfeffer würzen und langsam weich kochen. Vor dem Servieren mit dem Saft der halben Zitrone beträufeln.

Varianten:
- Die Pfefferminze und den Zitronensaft weglassen, dafür Basilikum oder Rahm zufügen und etwas einkochen lassen.
- Geröstete Brotwürfelchen über das Gericht streuen.

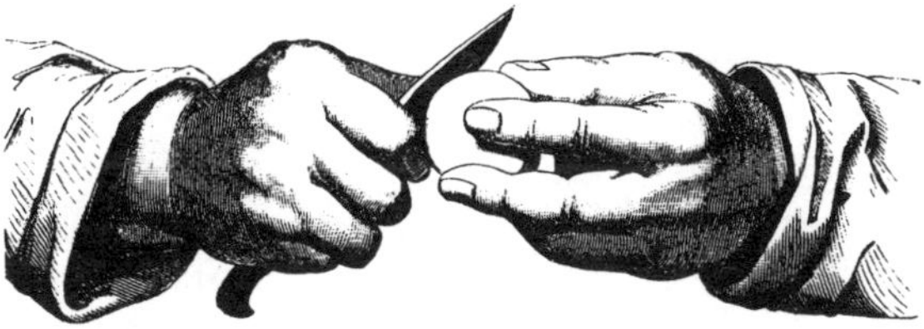

Entlebucher Pilzschnitten

Für 4 Personen

4 Scheiben «Baibrot» (im Ofen getoastete Schwarzbrotscheiben)
2 Eßl. Butter
4 Scheiben Schinken (am besten Entlebucher Rohschinken)
4 Scheiben Emmentaler Käse
200 g Eierschwämme, Reizker oder Steinpilze
1 Eßl. Mehl
4 Eßl. Weißwein
4 Eßl. Bouillon
Salz, Pfeffer, Majoran

Das «Baibrot» in einer bebutterten Auflaufform anordnen. Den Schinken darauflegen und mit Käse bedecken. Im vorgewärmten Ofen bei 200 °C backen, bis der Käse schmilzt. Die Pilze in der restlichen Butter 10 Minuten dünsten, mit Mehl bestäuben und mit Weißwein und Bouillon ablöschen. Mit Salz, Pfeffer und Majoran würzen. 10 Minuten dünsten. Das Pilzgericht über die Käsescheiben verteilen und sofort heiß auftragen.

Für Zwiebelliebhaber eine pikante Vorspeise, die man bereits am Tage zuvor kochen kann

Cipolle al forno

Gebackene Zwiebeln

Kann vorbereitet werden
Arbeitsaufwand: 15 Minuten
Bratzeit: 30 Minuten

Für 6 Personen

8 gleichmäßige, mittelgroße Zwiebeln
1 Eßl. Olivenöl
Salz, Pfeffer, Muskatnuß
1 dl Fleischbrühe
3 Eßl. Olivenöl
1 Eßl. Weinessig
1 Messerspitze Estragon
1 Teel. Senf

Die Zwiebeln schälen, in eine mit genügend Öl bestrichene Auflaufform stellen und mit Salz, Pfeffer und Muskatnuß bestreuen. Fleischbrühe beifügen und etwa 30 Minuten im mittelheißen Ofen dünsten. Mit Aluminiumfolie bedecken, damit die Zwiebeln nicht braun werden. Sobald sie gar sind — sie dürfen nicht zerfallen! —, aus dem Ofen nehmen und in der Form erkalten lassen. Dann halbieren, in eine flache Schüssel legen und mit einer pikanten Sauce aus Olivenöl, Essig, Estragon und Senf begießen.

41 Vende Agli è Cipolle.

Frische Spargel mit einer ganz leichten Sauce überbacken, die den Geschmack dieses interessanten Gemüses voll zur Geltung kommen läßt. Ein garantierter Erfolg!

Spargelgratin «Marianne»

Überbackener Spargel

Kann bis auf das Gratinieren vorbereitet werden
Zubereitungszeit: 15 Minuten
Kochzeit: 15 bis 30 Minuten (je nach Spargel), zusätzliche Backzeit: 5 bis 10 Minuten

Für 4 Personen

1 kg grüne oder weiße Spargel
1 Eßl. Zitronensaft
2 Teel. Butter
1 Teel. Zucker
100 g Rahmquark
½ Zwiebel, geschnitten
1 Ei
1 Eßl. Rahm
Salz, Pfeffer
80 g geriebener Greyerzer
20 g Butterflocken

Spargel um 2 bis 3 cm kürzen. Wenn nötig, leicht schälen (grüne Spargel können ungeschält verwendet werden). 3 bis 4 Minuten in Wasser mit Zitronensaft einlegen, damit sie sich nicht verfärben. In wenig Salzwasser mit 1 Teelöffel Butter und Zucker knapp weichkochen. Das untere Stück der Spargel abschneiden (etwa ⅓) und im Mixer mit Rahmquark, Zwiebel und Ei pürieren.
Gekochte Spargel gut abtropfen. Gratinplatte mit 1 Teelöffel Butter bestreichen. Die Spargel hineinlegen. Spargelquark mit Rahm mischen und mit wenig Salz und Pfeffer würzen. Diesen Guß über die Spargel gießen. Mit Käse und Butterflocken bestreuen. Bei 220 °C 5 bis 10 Minuten überbacken. Der Käse darf nur leicht Farbe annehmen.
Bemerkungen: In der Form servieren. Man kann diesen Gratin auch in Portionenförmchen (z. B. kleine Eierpfännchen) zubereiten. Mit grünen Spargel zubereitet, schmeckt dieses Gericht intensiver.
Dieser Gratin enthält kein Mehl, somit nur sehr wenig Kohlehydrate, dafür wegen des Quarks so viel Eiweiß, daß er als komplette Mahlzeit serviert werden kann. Man kann dafür auch weiße Spargel verwenden.
Wein: Fendant, Johannisberg oder weißer Burgunder.

Der garantierte «Spargel-Hit» der Saison: knapp gargekochter grüner oder weißer Spargel in einem geheimnisvollen Sößchen auf Blätterteig serviert

Feuilleté aux asperges

Blätterteig ausrollen. In 4 cm breite und etwa 6 cm lange Rechtecke schneiden (insgesamt 8 Rechtecke). Auf ein mit kaltem Wasser gespültes Blech legen. 10 Minuten in den Kühlschrank legen. Dann 10 Minuten bei 200 °C backen. Inzwischen 1 Liter Wasser mit Salz, Zucker und Butter aufkochen. Die geputzten Spargel zusammenbinden oder in einen zylinderförmigen Spargeleinsatz stellen. Mit den Spitzen nach oben zugedeckt knapp kochen. Gut abtropfen. 1 dl Spargelsud in einem kleinen Pfännchen auf 2 Eßlöffel Flüssigkeit einkochen. Das untere Drittel der Spargel abschneiden. Mit dem eingekochten Spargelsud im Mixer pürieren. Rahm und Kräuter zufügen, etwas eindicken lassen und würzen. Je 1 Blätterteigrechteck auf heiße Teller legen. Den gut abgetropften Spargel darauf verteilen. Mit Sauce begießen und mit den restlichen Blätterteigstücken bedecken.

Bemerkungen: Es ist sehr wichtig, daß man für dieses Gericht sehr guten Blätterteig verwendet (am besten bei einem erstklassigen Konditor kaufen oder selbst herstellen). Grüner Spargel braucht nicht geschält zu werden!

Wein: Johannisberg, Gewürztraminer, weißer Burgunder oder badischer Weißwein.

Variationen:

- Spargel in Stücke schneiden und in Blätterteigpastetchen einfüllen.
- Mengen verdoppeln und ohne Blätterteig als Frikassee servieren (Trockenreis paßt dazu).

Kann vorbereitet werden (aber erst vor dem Servieren auf den heißen Blätterteig geben)
Arbeitsaufwand: 30 Minuten
Kochzeit: 20 bis 35 Minuten
Backzeit: 10 Minuten

Für 4 Personen

400 g Blätterteig
500 g Spargel (wenn möglich grüner)
10 g Butter
1 Prise Zucker
Salz, Pfeffer
2 dl Crème de Gruyère (Doppelrahm)
1 Eßl. gehackte Kräuter (Dill, Rosmarin, Basilikum oder Kerbel)

Die Steinpilze würzen die Füllung dieser Tomaten auf delikate Art.

Pomodori ripieni

Gefüllte Tomaten

Für 4 Personen

20 g getrocknete Steinpilze
8 mittelgroße, reife Tomaten
Salz, Pfeffer
1 Zwiebel
2 Eßl. Petersilie
1 kleines Stück Sellerie
2 Eßl. Butter
2 Eßl. Béchamelsauce
3 Eßl. Parmesan, gerieben
1 Eigelb
Butter für die Form

Steinpilze in Wasser einlegen. Die gewaschenen Tomaten in der Mitte halbieren, mit einem Löffel sorgfältig die Kerne entfernen und mit Salz und Pfeffer würzen.
Zwiebel, Petersilie und Sellerie fein hacken und in der Butter anziehen lassen. Wenn sie etwas Farbe angenommen haben, die ausgedrückten und gehackten Steinpilze beifügen. Béchamelsauce zugeben und mit Salz und Pfeffer abschmecken. 10 Minuten kochen lassen. Vom Herd wegziehen, etwas auskühlen lassen und mit 2 Eßlöffeln geriebenem Parmesan sowie dem Eigelb mischen. Die Tomaten mit der Masse füllen und mit dem restlichen Käse bestreuen. Eine feuerfeste Form mit Butter bestreichen, die Tomaten hineinstellen und im Backofen bei 200 °C 20 Minuten backen.
Varianten:
- Steinpilze durch 150 g gehackte Schweins- oder Geflügelleber ersetzen.
- Kurz vorgekochte Paprikaschoten auf diese Art zubereiten.

Eine ganz vorzügliche kleine Vorspeise, die gut aussieht und leichter herzustellen ist als ein herkömmliches Soufflé: ausgehöhlte Tomaten mit einer luftigen Käsemasse, kurz im Ofen überbacken.

Soufflé en tomates

Käseauflauf in Tomaten

Von den Tomaten einen Deckel wegschneiden. Sorgfältig aushöhlen, dabei Tomatenfleisch etwa 1/2 cm dick belassen. Etwas Kräutersalz ins Innere der Tomaten geben. Backofen auf 190 °C einstellen. Grünen Pfeffer kalt abspülen und abtropfen lassen.
Das Mehl sieben. Butter in einem Pfännchen bei schwacher Hitze erwärmen. Mehl zufügen. 1 Minute dünsten, ohne Farbe annehmen zu lassen. Kalte Milch unter Rühren zufügen. Zu einer dicken Sauce kochen (etwa 2 bis 3 Minuten). Von der Herdplatte wegziehen und mit Salz, Pfeffer und Muskatnuß würzen. Eiweiß steifschlagen. Käse unter die Sauce mischen, gut durcharbeiten. Grünen Pfeffer und Eigelb unter die Masse ziehen. Nach Bedarf nachwürzen. Zuletzt die steifgeschlagenen Eiweiß sorgfältig darunterheben. Die Tomaten mit der Souffléemasse füllen — nur bis etwa 1/2 cm unter den Rand. Bei 190 °C etwa 20 Minuten backen, dann die Temperatur auf 210 °C erhöhen und noch ungefähr 10 Minuten im Ofen lassen. Sofort auf vorgewärmten Teller servieren.
Bemerkungen: Als Vorspeise genügt je Person 1 schöne, große Tomate. Man kann sie in kleinen feuerfesten Formen backen und anschließend darin servieren. Diese Soufflés vertragen keine Wartezeit. Deshalb erst in den Ofen schieben, wenn alle Gäste da sind.
Beilagen: Am besten keine oder frisches, knuspriges Weißbrot.
Wein: Walliser oder Waadtländer Weißwein.

Kann vorbereitet, muß aber im letzten Moment gebacken werden
Arbeitsaufwand: 30 Minuten
Backzeit: 30 Minuten

Für 4 Personen

8 schöne, etwa gleich große Tomaten
1 Teel. Kräutersalz
1 Eßl. grüner Pfeffer (Madagaskar)
2 Eßl. Mehl
1 Eßl. Butter
1 dl Milch
Salz, Pfeffer
1 Prise Muskatnuß
2 Eiweiß
80 g geriebener Greyerzerkäse
2 Eigelb

Variationen:
- Grünen Pfeffer weglassen.
- Evtl. grünen Pfeffer durch frischgehackten Estragon ersetzen.

Dies ist wohl das älteste Teigrezept überhaupt, weil ohne Hefe zubereitet. Erst danach wurde der Blätterteig und noch später der Mürbeteig bekannt. Die Panzarotti sind eine neapolitanische Spezialität

Panzarotti

Gefüllte Teigtaschen

Kann vorbereitet werden
Arbeitsaufwand Teig: 10 Minuten
Zusätzlich Ruhezeit: 1 Stunde
Füllung: 15 Minuten
Backzeit: 1 bis 2 Minuten je Portion

Für 4 Personen (als Vorspeise)

Teig:
250 g Weißmehl
2 Eßl. Schweinefett oder Olivenöl
1/4 Teel. Salz
1 1/2—2 dl Wasser
Erdnußöl zum Ausbacken

Füllung:
100 g Ricotta
100 g Mozzarella
100 g gekochter Schinken oder Salami (oder beides gemischt)
1 Büschel Petersilie, gehackt
1 Ei
50 g Parmesan, gerieben
Salz, Pfeffer

Alle Zutaten zu einem Teig zusammenfügen. Den Teig sehr gut kneten und 1 Stunde ruhenlassen. In der Zwischenzeit den Ricotta mit einer Gabel zerdrücken und verrühren. Mozzarella, Schinken oder Salami in kleine Würfel schneiden. Mit Petersilie, dem Ei und dem Parmesan unter den Ricotta mischen. Nach Bedarf mit Salz und Pfeffer abschmekken.
Den Teig sehr dünn ausrollen, wenn möglich in der Nudelmaschine. Die Teigstreifen auf dem Tisch ausbreiten. In Abständen von 7 cm in der Mitte mit kleinen Häufchen Füllung belegen. Die Streifen zusammenfalten und mit einer Ausstechform oder einem Glas Halbmonde ausschneiden. Die Ränder gut andrükken. Die Panzarotti im heißen Öl goldgelb ausbacken.

Das raffinierteste Fritürerezept der italienischen Küche: Kürbis- oder Zucchiniblüten, gefüllt mit Mozzarella und Sardellen oder mit Mortadella oder Schinken

Fiori di zucca ripieni

Gefüllte Kürbis- oder Zucchiniblüten

Den Teig vorbereiten und ½ Stunde ruhenlassen. Die Kürbis- oder Zucchiniblüten waschen.
Sardellenfilets hacken und mit dem kleingeschnittenen Mozzarella gut mischen. Die Blüten sorgfältig mit dieser Mischung füllen, durch den Teig ziehen und ausbacken. Dieses Gericht ist als Vorspeise geeignet oder paßt zu Fritto misto.
Variante: Schinken, Mortadella oder Fleischreste und wenig eingeweichtes, ausgepreßtes Brot oder geriebenes Brot, evtl. etwas Parmesan, 1 Ei, Salz, Pfeffer und gehackte Petersilie zu einer Füllung mischen. Nie zuviel Füllung in die Blüten geben.
Wein: Leichter roter oder weißer Landwein.

Arbeitsaufwand (ohne Teigzubereitung): 40 Minuten
Fritierzeit: 2 Minuten je Portion

Für 4 Personen

16 Kürbis- oder Zucchiniblüten
1 Portion Teig

Füllung:
1 Mozzarella
4 Sardellenfilets

Eine sommerliche Vorspeise, die sich gut vorbereiten läßt

Zucchine e pomodori gratinati

Überbackene Zucchini und Tomaten

Kann vorbereitet werden
Arbeitsaufwand: 30 Minuten
Backzeit: 10 bis 15 Minuten

Für 4 Personen

4 halbreife Tomaten
4 Eßl. Olivenöl
4 Zucchini
1 Basilikumzweig
Salz, Pfeffer
2 Eßl. frisch geriebenes Weißbrot
2 Knoblauchzehen

Die Tomaten halbieren, Kerne und Saft entfernen und mit der Schnittfläche nach unten in 1 Eßlöffel heißes Öl geben. Auf großem Feuer einige Minuten dünsten. Dann die Tomaten aus der Pfanne nehmen, Öl nachgießen und auch die ungeschälten, in Stäbchen geschnittenen Zucchini mit dem feingeschnittenen Basilikum dünsten. Das Feuer so groß stellen, daß der austretende Saft sofort wieder verdunstet. Eine flache Auflaufform mit Öl bestreichen und lagenweise die mit Salz und Pfeffer gewürzten Tomaten und Zucchini einfüllen. Mit Paniermehl und durchgepreßtem Knoblauch bestreuen, dann das restliche Öl darauf verteilen und das Gericht bei Oberhitze kurz überbacken. Kalt servieren.

Eine originelle Vorspeise, die dazu noch hübsch aussieht: Avocadoscheiben auf Toast mit einem leichten Guß aus gut gewürztem Quark, im Ofen rasch überbacken

Avocado-Toast

Kann vorbereitet werden
Arbeitsaufwand: 20 Minuten
Backzeit: 10 Minuten

Für 4 Personen

4 Scheiben Toastbrot
2 Eßl. Butter
2 Avocadobirnen
2 Schalotten
1 Eßl. Estragon, gehackt
150 g Rahmquark
1 Teel. scharfer Senf (Dijon)
Salz, Pfeffermischung
2 Eßl. geriebener Käse (Greyerzer oder Appenzeller)
Einige Butterflocken

Schalotten fein hacken und in Butter 2 bis 3 Minuten dünsten. Den Rand der Brotscheiben wegschneiden (für Paniermehl verwenden). Die Brotscheiben toasten und noch warm beidseitig mit Butter bestreichen. In kleine feuerfeste Formen legen. Avocados schälen, halbieren, in dünne Schnitze schneiden, gut würzen und auf die Brotscheiben verteilen. Schalotten, Estragon, Senf und Quark verrühren. Mit Salz und Pfeffer nachwürzen. Die Creme über die Toasts verteilen. Mit Käse und einigen Butterflocken belegen. Etwa 10 Minuten bei Oberhitze überbacken. Sofort servieren.

Bemerkungen: Bei diesem Avocadogericht verzichte ich auf das Bestreichen der Avocados mit Zitronensaft. Die Säure des Saftes bekommt dem Genuß nicht sehr gut. Damit sich das Fruchtfleisch nicht verfärbt, ist es wichtig, daß man die Avocados vor dem Backen schält und schneidet und sie sofort mit dem Quark begießt.

Wein: Leichter Weiß- oder Rotwein.

Variationen: Toast zuerst mit Schinken oder ganz dünn geschnittenem vorgeröstetem Speck belegen.

Ein sehr dekoratives Gemüsegericht, das sich auch als Vorspeise gut eignet

Melanzane al forno

Auberginen im Ofen

Kann vorbereitet werden
Arbeitsaufwand: 40 Minuten
Zusätzlich Backzeit: 1 Stunde

Für 4 Personen

4 mittelgroße, schlanke Auberginen
Salz, schwarzer Pfeffer, grob gemahlen
4 Tomaten
2 Eßl. gehackte Petersilie
4 Eßl. Basilikumblätter, in Streifen geschnitten
2 Knoblauchzehen
2 grüne Peperoni
2 Eßl. Olivenöl
1 ½ Päcklein Mozzarella
3 Eßl. gehackte Sardellenfilets

Die Auberginen so in ½ cm dicke Rädchen schneiden, daß sie unten noch zusammenhängen. Mit Salz bestreuen und mit den Einschnitten nach unten in ein Salatsieb legen. Nach 30 Minuten mit kaltem Wasser abspülen, gut abtropfen lassen und mit Küchenpapier etwas trocknen. Die Tomaten kurz in heißes Wasser tauchen, schälen und in Scheiben schneiden. Mit wenig Salz, viel Pfeffer, 1 Eßlöffel Petersilie, Basilikum und dem durchgepreßten Knoblauch bestreuen. Die Peperoni in 2½ cm große Stücke schneiden. Den Backofen auf 200 °C erhitzen. 1 Eßlöffel Olivenöl in eine Auflaufform geben. Die Auberginen mit den Einschnitten nach oben hineinlegen. In einer runden Auflaufform ringförmig anordnen. Die Einschnitte abwechslungsweise mit Tomatenscheiben, Peperonistücken und dünnen Mozzarellascheiben füllen. Die gehackten Sardellen zwischen die Einschnitte auf die Käsescheiben verteilen. Das restliche Olivenöl darüberträufeln. Die Auberginen mit Aluminiumfolie bedecken und 50 Minuten bei 200 °C schmoren. Die Folie entfernen, 10 Minuten weiterbacken. Mit der restlichen Petersilie bestreuen und in der Form auf den Tisch bringen.

Tip: Die Peperonistücke können zur Abwechslung auch durch hartgekochte Eischeiben oder Salamirädchen ersetzt werden.

Die Bagna caôda ist eine traditionelle Vorspeise im Piemont, die von Tal zu Tal variieren kann. Sie wird heiß auf kleinen Stövchen serviert und dient als aromatisches Bad für Gemüse, die teils roh oder gekocht hineingetaucht werden.

Bagna caôda

Gemüsebad

Arbeitsaufwand (ohne das Vorbereiten der Gemüse): 15 Minuten

Für 4 Personen

80 g Butter
1 dl Olivenöl
3 Knoblauchzehen, durchgepreßt
6 Sardellenfilets
Salz

Gemüse zum Eintauchen:
- rote und gelbe Peperoni, in 2 cm breite Streifen geschnitten
- rohe Blumenkohlröschen
- zarte, kleine Wirsingblätter*
- Bleichsellerie (die inneren, zarten Stengel)
- kleine italienische Artischocken, in Vierteln
- zarte Karotten, in Stengelchen
- Radiocchio rosso, in Vierteln
- Fenchelherzen, in Vierteln
- Topinambur, vorgekocht.

Butter, Öl und Knoblauch in einem feuerfesten Töpfchen erhitzen, ohne Farbe annehmen zu lassen. Das Töpfchen vom Feuer nehmen, feingehackte Sardellen zugeben, wieder aufsetzen und bei kleiner Hitze unter Rühren erwärmen. Die Sauce darf nicht kochen, und es sollte eine flüssige Creme entstehen. Den Topf auf ein Kerzenstövchen** stellen, damit die Gäste ihr Gemüse, wie bei einem Fondue, hineintauchen können. Oft wird die Bagna caôda auch in kleinen, individuellen Saucentöpfchen mit Stövchen serviert. Wichtig ist, daß die Sauce während der ganzen Mahlzeit heißt bleibt.

* Wirsing: Kulturvarietät des Gemüsekohls
** kleine Wärmevorrichtung

Ein besonderes Töpfchen: Schnecken an einer pikanten Kräuterbutter, mit Tomatenwürfeln und winzig kleinen Brotcroûtons

Schnecken «Francis»

Kann teilweise vorbereitet werden
Arbeitsaufwand: 20 Minuten
Kochzeit: 10 Minuten

Für 4 Personen

24 Schnecken (ohne Häuschen, aus der Dose)
Salz, Pfeffermischung
1 Eßl. Weißwein
50 g Tafelbutter
2 Eßl. Rahm
2 Knoblauchzehen
1 Eßl. Schnittlauch, fein geschnitten
1 Eßl. gemischte Kräuter (Kerbel, Estragon, Thymian, Rosmarin)
2 Tomaten
2 Scheiben Toastbrot
2 Eßl. Butter

Tafelbutter mit Rahm, Wein, gepreßtem Knoblauch und Kräutern verkneten. Mit Salz und viel Pfeffer aus der Mühle würzen. Beiseite stellen (nicht im Kühlschrank). Toastbrot in sehr kleine Würfelchen schneiden und goldbraun in Butter rösten. Tomaten kurz in heißes Wasser tauchen, schälen, auspressen und klein würfeln. Salzen und in wenig Butter erwärmen. Schnecken im Einlegesaft erhitzen und abgießen. In kleine Töpfchen (aus Ton oder Souffléförmchen) verteilen. Die Kräuterbutter darübergeben. Mit Tomatenwürfeln und Brotcroûtons garnieren. Heiß servieren.
Bemerkungen: Alles einzeln vorbereiten, aber erst im letzten Moment mischen. Wichtig ist, daß dieses Gericht gut gewürzt wird.
Beilagen: Knuspriges Weißbrot.
Wein: Leichter, spritziger Weißwein.

Schnecken in Nußbutter

(Bündner Rezept)

Das geriebene Brot in 2 Eßlöffeln Butter hellgelb dünsten. Die Petersilie und die Baumnußkerne zugeben, gut mischen und mit der Milch zu einer Paste verrühren. Mit dem Brot und der restlichen, flüssiggemachten Butter vermengen. Mit Salz, Pfeffer und Muskatnuß pikant würzen. Die pfannenfertigen Schnekken in das Häuschen einfüllen und die Sauce darübergeben. Erkalten lassen.
Die Masse wird auch mit ausgelassener Butter zubereitet, weil sie haltbarer ist. Werden die Schnecken sofort verspeist, kann man die Butter schaumig rühren und in frischem Zustand mit Brot und Kräutern vermengen.

Für 50 Schnecken

2 Eßl. geriebenes Weißbrot
200 g frische Butter
2 Eßl. gehackte Petersilie
100 g feingehackte Baumnußkerne
1 dl Milch
Salz, Pfeffer, Muskatnuß

Escargots à la lie

Schnecken mit «Lie»*

Die Schnecken abgießen und gut abtropfen. Schalotten fein hacken und in der Butter 3 bis 4 Minuten anziehen lassen. Schnecken und Kräuter beifügen. Mehrmals wenden und mit Salz und Pfeffer würzen. Mit Lie ablöschen. Die Schnecken portionenweise in kleine, vorgewärmte Tontöpfchen oder Souffléförmchen einfüllen. Mit knusprigem Brot servieren.
Man kann diese Schnecken auch mit Marc zubereiten, wenn keine Lie vorhanden ist.

Für 4 Personen

24 Schnecken ohne Häuschen (pfannenfertig vorgekocht)
4 Schalotten
4 Eßl. Tafelbutter
2 Eßl. gemischte Kräuter (Petersilie, Majoran, Thymian, Salbei)
Salz, Pfeffer
2 Eßl. Lie

* *Lie* oder Weinhefebranntwein (Weindrusen) wird durch Destillation des Weintrubs gewonnen. Nach der Gärung lagert sich der Weintrub am Boden der Behälter ab. Beim Umfüllen wird er herausgeschöpft und anschließend destilliert.

Diese Kroketten sind sehr beliebt. Man kann sie als warme oder kalte Vorspeise oder auch als Beilage zum Aperitif servieren.

Crocchette di pollo

Geflügelkroketten

Für 4 Personen

300 g gekochtes Geflügelfleisch ohne Haut und Knochen (Poulet oder Truthahn)
30 g Butter
30 g Mehl
5 dl Milch
Salz, Pfeffer, Muskatnuß
2 Eigelb
2 Eier
100 g Paniermehl
2 Eßl. Öl

Das Geflügelfleisch durch die grobe Scheibe des Fleischwolfs treiben. Die Butter zerlassen, das Mehl darin dünsten und mit der Milch ablöschen. 10 Minuten zu einer dicken Sauce kochen. Mit Salz, Pfeffer und Muskatnuß würzen. Vom Feuer nehmen und mit dem Eigelb gut mischen. Das gehackte Fleisch darunterziehen. Erkalten lassen. Mit einem Löffel kleine Kugeln abstechen, längliche Kroketten formen und diese zuerst in den verrührten Eiern, dann im Paniermehl wenden und im Öl ausbacken, bis sie eine goldgelbe Farbe angenommen haben. Warm oder kalt servieren.
Tip: Auf die gleiche Art lassen sich Fleischreste zubereiten.
Varianten:
- Gekochte, gehackte Zunge oder Schinken daruntermischen.
- Die Hälfte des Geflügelfleisches durch gehackte Pilze ersetzen.

Kleine geröstete Brotscheiben, belegt mit einer raffinierten Geflügellebermischung, die man als Vorspeise oder als kleine Häppchen zum Aperitif servieren kann

Crostini alla Toscana

Geflügelleber-Toast

Arbeitsaufwand: 30 Minuten

Für 6 bis 8 Personen (als Vorspeise)

2 Selleriestangen
1 Zwiebel
1 Karotte
2 Eßl. Butter
1 dl Weißwein
3 Eßl. gehackte Petersilie
200 g Geflügelleber
6 Sardellenfilets
1 Eßl. Kapern
2 bis 3 Eßl. Fleischbrühe
1 Eßl. Butter
16 Scheiben Baguette, 6 bis 7 mm dick geschnitten, oder 4 Scheiben viereckiges Toastbrot, diagonal geviertelt

Selleriestangen, Zwiebel und Karotte grob hacken und in 1 Eßlöffel Butter anziehen lassen. Das Gemüse soll ein wenig Farbe annehmen. Mit Weißwein ablöschen. Petersilie beifügen und etwa 15 Minuten leise kochen. Unterdessen Geflügelleber in Stücke schneiden und in 1 Eßlöffel Butter in einer separaten Pfanne anziehen lassen, bis sie nicht mehr roh ist. Zusammen mit den zerkleinerten Sardellenfilets und den Kapern zum Gemüse geben. Die Leber-Gemüse-Mischung durch eine Passiermaschine treiben, mit der Fleischbrühe befeuchten und die Butter darunterziehen. In einer Pfanne nochmals heiß machen. Unterdessen die Brotscheiben im Backofen leicht rösten. Lebermasse darauf verteilen und sofort servieren.

Bemerkung: Es handelt sich bei diesen Crostini um eine sehr preiswerte, typische Spezialität aus der Toskana, die allerdings nur von Leuten geschätzt wird, die gerne Leber essen.

Fisch und Meeresfrüchte kalt

Ein etwas ungewöhnliches Rezept mit Rochen, einem Fisch, der bei uns weniger bekannt ist, und Kapern. Ist Rochen nicht erhältlich, kann der Salat auch mit anderen Fischsorten zubereitet werden.

Salade de raie aux câpres

Den Weinsud nach Grundrezept zubereiten und erkalten lassen. Die Rochenflügel in den kalten Sud legen und langsam aufkochen. Die Hitze auf die kleinste Stufe stellen. 3 Min. ziehen lassen. Danach von der Herdplatte wegziehen und bis zum Anrichten stehen lassen. Den Fisch, sobald er nur noch lauwarm ist, gut abtropfen lassen, häuten und das Fleisch von den Gräten abstreifen. Auf Teller verteilen. Sherry-Essig mit wenig Salz verrühren. Über den Fisch verteilen. Mit Öl beträufeln. Die Kapern gut abtropfen lassen und mit den Walnüssen über die Rochenflügel geben. Mit Pfeffer bestreuen.

Wichtig: Bei uns sind Rochenflügel meistens nur vakuumverpackt erhältlich. Ein leichter Ammoniakgeschmack soll bei diesem Fisch nicht verwirren. Er verschwindet nach kurzer Zeit wieder, wenn der Rochen frisch ist.

Tip: Man kann den Fisch im Sud wieder aufwärmen, bis er lauwarm ist. In diesem Zustand schmeckt er am besten.

Variationen:

- Anstelle von Kapern große Pfefferkörner (Schinusfrüchte) zufügen.
- Essig und Öl durch sauren Halbrahm ersetzen.
- Bei Verwendung von Fischbacken diese vor dem Garen im Sud quer halbieren, dann mit dem Schaumlöffel herausnehmen und abtropfen lassen. Ebenfalls lauwarm servieren.

Kann vorbereitet werden
Arbeitsaufwand: 15 Min.
Kochzeit: 35 bis 40 Min. (mit Sud)

Kabeljaubacken, Heilbutt- oder Glattbuttfilets

Für 4 Personen

4 Rochenflügel (Raie)
1 1/2 l «Weinsud» (s. S. 106)
1 Eßl. Sherry-Essig oder Zitronensaft
Salz, Pfeffer
2 Eßl. Walnuß- oder Olivenöl
2 Eßl. Kapern
1 Eßl. gehackte Walnüsse

Das Pikante dieses Herings ergibt mit Rahm, Zwiebeln und Äpfeln eine erfreuliche Geschmacksharmonie.

Matjesheringe in Zwiebelmarinade

Kann vorbereitet werden
Arbeitsaufwand: 15 Minuten

Salzheringe

Für 4 Personen

8 Matjesheringsfilets
2 dl Milch
1 große Zwiebel
1 saurer Apfel
1½ dl saurer Halbrahm
Pfeffer aus der Mühle

Die Matjesfilets ½ bis 1 Std. in Milch einlegen. Die Zwiebel in feine Streifen schneiden. Den Apfel schälen, entkernen und in kleine Würfel schneiden. Sofort mit der Zwiebel und dem Rahm mischen. Die Matjesfilets aus der Milch nehmen, gut abtropfen, mit Küchenpapier abtupfen und in die Marinade legen. Mindestens 6 Std. ziehen lassen. Vor dem Servieren mit frisch gemahlenem Pfeffer bestreuen.
Wichtig: Diese Heringe in ein Porzellan- oder Steingutgefäß geben und darin marinieren.
Bei Verwendung von gewöhnlichen Salzheringen diese zuerst 1 bis 2 Std. in kaltem Wasser wässern, damit sie einen Teil ihres Salzes verlieren. Danach kann man sie ebenfalls noch in Milch legen, wenn man sie besonders mild wünscht.
Tip: Dazu paßt Pumpernickel mit Butter.

Ein phantasievolles Heringsgericht, das mehrere Tage im Kühlschrank haltbar ist

Matjesheringe mit Orangen und Meerrettich

Die Matjesfilets in 2 cm breite Streifen schneiden. Die Garnelen grob hacken. Die Orange heiß waschen, die Schale hauchdünn entfernen und in feine Streifen schneiden. Kurz in kochendes Wasser geben und gut abtropfen lassen. Matjesfilets, Garnelen, Orangenstreifen und Meerrettich in einen Glas- oder Steinguttopf geben, Rahm, Cognac und wenig Salz und Pfeffer mischen und darübergießen. Die Orange so weiterschälen, daß alle weißen Häutchen entfernt werden. Geschälte Viertel aus den Hautkammern herausschneiden.

Das Gericht mit Schnittlauch bestreuen und mit Orangenvierteln garnieren.

Wichtig: Wird das Gericht sofort nach der Zubereitung gegessen, verwende ich 1 dl Doppelrahm und 1 dl sauren Halbrahm. Das ergibt die beste Sauce. Steht das Gericht 1 bis 2 Tage, nehme ich nur Doppelrahm, der dann leicht säuerlich wird, was erwünscht ist.

Tips:
- Man kann die Orangenviertel auch unter die Heringsfilets mischen, wenn das Gericht längere Zeit mariniert wird.
- Bei Verwendung von Salzheringen sollte man diese zuvor 4 bis 6 Std. wässern.

Kann vorbereitet werden
Arbeitsaufwand: 25 Min.

Salzheringe

Für 4 Personen

6 Matjesfilets
100 g gekochte, geschälte Garnelen (Krevetten) oder Krebsfleisch
1 Orange
1 Eßl. Meerrettich, frisch gerieben
2 dl Doppelrahm oder saurer Halbrahm
2 Eßl. Cognac
1 Prise Salz
Pfeffer aus der Mühle
2 Eßl. Schnittlauch, gehackt

Dieses ausgezeichnete Gericht habe ich bei einer dänischen Familie genießen können. Es gefiel mir so gut, daß ich versucht habe, es auf meine Art nachzukochen.

Heringsfilets mit Eiern und Curry

Kann vorbereitet werden
Arbeitsaufwand: 20 Min.

Matjesheringe

Für 4 Personen

8 Heringsfilets, süßsauer eingelegt (dänische Konserve)
1 große Zwiebel
4 hartgekochte Eier
1 Teel. Zucker
1 bis 2 Eßl. Currypulver
1 ½ dl saurer Halbrahm oder nordische Sauermilch
Salz, Pfeffer
2 bis 3 Dillzweiglein zum Garnieren

Die Heringsfilets gut abtropfen und quer in etwa 3 cm breite Stücke schneiden. Die Zwiebel in feine Streifen schneiden, 3 Eier schälen und (mit dem Eierschneider) in Scheiben schneiden.
Zucker, Currypulver und Rahm gut mischen. Mit Salz und Pfeffer pikant abschmecken. Die Sauce mit den Heringsfilets und den Eischeiben mischen. In eine Glasform geben, zudekken und 24 Std. ziehen lassen. Das restliche Ei ebenfalls in Scheiben schneiden. Das Gericht mit Dill und den Eischeiben garnieren.
Wichtig: Typisch für dieses Gericht ist die süße Note, die durch die Schärfe des Currys abgerundet wird. Deshalb eignen sich gewöhnliche, scharf gesalzene Heringe nicht als Ersatz. Bestenfalls kann man gewässerte Matjesfilets nehmen und etwas mehr Zucker zufügen.
Tip: Dunkles Brot oder Pumpernickel mit Butter dazu servieren.

Herrliche kleine frische Sardellen, in Zitronensaft mariniert und mit Petersilie und Knoblauch angerichtet — eine kleine sympathische Beigabe zu einem Glas Wein

Acciughe marinate

Marinierte Sardellen

Von den Sardellen den Kopf entfernen. Die Fische mit der Schere aufschneiden und ausnehmen. Den Mittelgrat herausziehen. Die Sardellen waschen und ganz sorgfältig mit Küchenpapier abtrocknen. In ein großes, flaches Gefäß geben und mit Zitronensaft begießen, bis sie damit bedeckt sind. 24 Stunden im Kühlschrank ziehen lassen. Alle Kräuter und den Knoblauch über die Fische verteilen. Mit Salz bestreuen und wiederholt mit der Marinade begießen. 3 bis 4 Stunden marinieren. Vor dem Servieren mit dem Öl begießen und mit viel frisch gemahlenem Pfeffer bestreuen.
Tip: Für diese Zubereitungsart eignen sich nur wirklich frische Sardellen. Am besten nimmt man dieses Rezept mit in die Ferien, wenn man sie am Meer verbringt.
Beilage: Weißbrot.
Wein: Cinque Terre bianco.

Kann vorbereitet werden
Arbeitsaufwand: 30 Minuten
Zusätzlich Marinierzeit

Für 4 Personen

500 g sehr frische Sardellen
Saft von 4 Zitronen
1 Knoblauchzehe, durchgepreßt oder fein gehackt
1 großes Büschel Petersilie, fein gehackt
1 Eßl. Schnittlauch oder
1 Prise Origano
1 Prise Thymian
4 Blätter Basilikum, fein gehackt
Salz, Pfeffer
1 dl Olivenöl

Pomodori con acciughe e mozzarella

Tomaten mit Sardellen und Käse gefüllt

Kann vorbereitet werden
Arbeitsaufwand: 30 Minuten

Tomaten halbieren. Die Schnittflächen leicht mit Salz bestreuen und zum Abtropfen, Schnittflächen nach unten, für etwa 10 Minuten in ein Sieb legen. Die 4 unteren Hälften nebeneinander in eine Servierplatte stellen, mit je 1 Scheibe Mozzarella, 1 gewaschenen und vom Salz befreiten Sardellenfilet sowie 2 Basilikumblättern belegen. Mit etwas frisch gemahlenem Pfeffer bestreuen und mit einigen Tropfen Olivenöl beträufeln. Mit den

oberen Tomatenhälften bedecken. Kreuzweise einschneiden, etwas salzen und die 4 restlichen Basilikumblätter sowie ganz wenig Peperoncino in den Schnitt stecken. Mit Pfeffer und nach Belieben mit Origano bestreuen. Mit dem restlichen Öl beträufeln.
Tip: Der etwas scharfe Peperoncino läßt sich durch kleingeschnittene Oliven ersetzen.

Für 4 Personen

4 schöne, feste Freilandtomaten
Salz, Pfeffer
4 Scheiben Mozzarella, etwa 1 cm dick (200 g)
4 gesalzene Sardellenfilets
12 Basilikumblätter
4 Eßl. Olivenöl
1 Prise Origano (nach Belieben)
1 Stückchen Peperoncino

An einem schönen Sommerabend bringt dieses Gericht aus der Karibik Farbakzente in Ihre Küche.

Seeteufel «Maria Galante»

Den Seeteufel entgräten und häuten. In gesalzenem Wasser 20 Min. ziehen, dann im Sud erkalten lassen.
Vorsichtig herausheben, abtropfen lassen und in kleine Würfel schneiden.
In eine Schüssel geben, mit dem Saft einer ganzen Zitrone beträufeln und etwas ruhen lassen.
Die Tomaten einige Sekunden in kochendes Wasser tauchen, schälen und in Würfel schneiden. Die Paprikaschoten würfeln. Fisch, Tomaten, Paprikaschoten, Majoran, Öl, Essig, Salz und Cayennepfeffer gut mischen.
Die Avocado schälen, halbieren, entkernen, in Viertel schneiden und sofort mit dem Zitronensaft beträufeln.
Den Fischsalat mit Avocadovierteln und Zwiebelringen garnieren.
Wichtig: Die Kochzeit knapp halten, der Fisch gart beim Erkalten nach.
Tip: Man kann die Avocado durch Kiwi oder Mango ersetzen.

Kann vorbereitet werden
Arbeitsaufwand: 25 Min.
Kochzeit: 20 Min.

Seehecht (Colin), Lengfisch, Kabeljau

Für 4 Personen

800 g Seeteufel (Baudroie), am Stück
1 Zitrone
3 Tomaten
4 Pimientos morrones (in Salzlake eingelegte Paprikaschoten)
½ Teel. Majoran
4 Eßl. Olivenöl
1 Eßl. weißer Weinessig
Salz, Cayennepfeffer
1 Avocado
1 Eßl. Zitronensaft
1 Zwiebel

Eine leichte Vorspeise, die sich sehr gut vor einem festlichen Fleischgericht servieren läßt oder in etwas größeren Portionen als exquisites Abendessen Freude bereitet.

Kleiner Fischsalat

Kann weitgehend vorbereitet werden
Arbeitsaufwand: 15 Min.
Kochzeit: 2 bis 3 Min.

Fischfilets mit festem Fleisch, z. B. Lachs, Drachenkopf (Rascasse), auch Süßwasserfische wie Felchen (Renken), Zander

Für 4 Personen

300 g Seeteufelfilets (Baudroie)
50 g frische Champignons
Saft von 1 Zitrone
1 Avocado
1 Zwiebel oder
1 Lauchstange, grob geschnitten
1 dl Weißwein
1 Teel. Butter
Salz, Pfeffer
50 g Kresse

Sauce
1 dl Olivenöl, kalt gepreßt, oder Walnußöl
2 Eßl. Weinessig oder Sherry-Essig
1 Teel. Senf (Dijon mit Weißwein)
½ durchgepreßte Knoblauchzehe
Salz, viel Pfeffer aus der Mühle

Champignons in Scheiben schneiden und mit der Hälfte des Zitronensaftes mischen. Avocado schälen, entsteinen, in Viertel schneiden und sofort mit dem restlichen Zitronensaft begießen. Grobgeschnittene Zwiebel mit Weißwein und 1 dl Wasser in einen Topf mit Siebaufsatz geben. Zum Kochen bringen. Den Siebaufsatz mit Butter ausstreichen, die Fischfilets darauflegen und das Sieb auf den Topf stellen, sobald sich Dampf bildet. Zudecken und, je nach Größe der Filets, 2 bis 3 Min. im Dampf garen. Die warmen Fischfilets mit Salz und Pfeffer würzen und auf Teller verteilen. Mit Avocadoscheiben, Kresse und rohen Champignonsscheiben garnieren. Aus den erwähnten Zutaten eine Salatsauce rühren. Die Hälfte der Sauce über die Fischfilets geben, den Rest separat dazu servieren.
Wichtig: Die Fischstücke sollten lauwarm gegessen werden. Aus dem Kühlschrank serviert, schmecken sie nur noch halb so gut!
Variationen:
- Eventuell einige Kaisergranate (Scampi oder Langoustines) zufügen.
- Avocados weglassen, dafür mit ganz feinen grünen Bohnen garnieren.

Nicht nur Japan, auch in Mexiko liebt man rohe Fische, die nur durch die Säure eines Zitrussaftes kalt gegart werden.

Ceviche

Die Pfefferschote halbieren, entkernen und hacken. Die Fischfilets in etwa $1\frac{1}{2}$ cm große Würfel schneiden. In eine flache Schüssel legen. Zwiebel und Knoblauch sehr fein hacken. Über die Fischfilets verteilen. Mit Salz, Pfeffer und Pfefferschote bestreuen und den ausgepreßten Limonensaft darübergeben. Mit einer Klarsichtfolie abdecken und im Kühlschrank 6 Std. marinieren. 30 Min. vor dem Servieren aus der Kälte nehmen. Mit Petersilie bestreuen.

Wichtig: Bei dieser Zubereitungsart ist die Frische des Fisches ausschlaggebend.

Tip: Man kann diese Vorspeise mit kleinen, halbierten Cherry-Tomaten (Miniaturtomaten), Maiskörnern (Sweet corn), feingeschnittenen Zwiebeln (am besten milde, violette Sorte) oder Eischeiben und Salatblättern garnieren.

Variationen:

- 1 Limone durch 1 Orange (am besten Blutorange) ersetzen und 2 bis 3 Spritzer Angostura Bitters (Bitterorangenextrakt) zufügen.
- Den «Ceviche» mit geschälten, ausgepreßten, kleingewürfelten rohen Tomaten und Artischockenwürfelchen garnieren.

Kann vorbereitet werden
Arbeitsaufwand: 15 Min.
Marinierzeit: 6 Std.

Wolfsbarsch (Loup de mer), Seezunge (Sole), Seeteufel (Baudroie), Forelle

Für 4 bis 6 Personen

4 Steinbuttfilets (Turbot), etwa 400 g
1 kleine rote Pfefferschote, scharf
1 große Zwiebel
2 kleine Knoblauchzehen
Salz, Pfeffer
Saft von 8 Limonen
2 Eßl. gehackte Petersilie

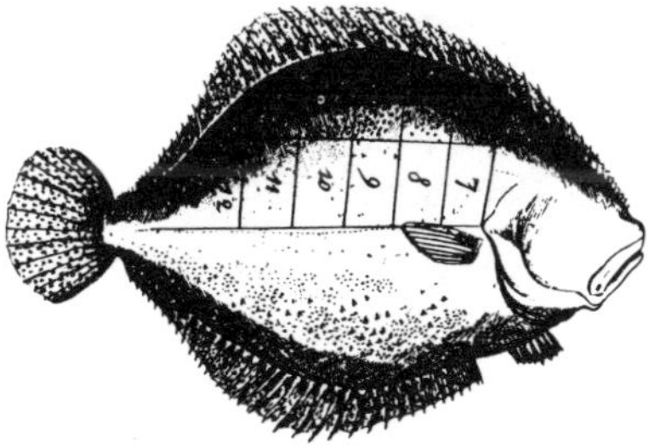

Eine attraktive Abwechslung für ein kaltes Buffet oder für eine festliche Vorspeise

Seeforelle im grünen Mantel

Kann vorbereitet werden
Arbeitsaufwand: 30 Min.
Kochzeit: 30 Min.

Lachs, Meerbrasse (Dorade), Wolfsbarsch (Loup de mer)

Für 8 Personen

1 Seeforelle (etwa 1 kg), kochfertig
Salz, Pfeffer
1 Prise Ingwerpulver
1 Lorbeerblatt
1 Prise Thymian
1 Gewürznelke
2 Zwiebeln
1 Karotte
2 Knoblauchzehen
2 bis 3 Zweiglein Petersilie

Sauce
2 Avocados
6 Eßl. Zitronensaft
1 Zwiebel, fein gehackt
200 g Mayonnaise
2 Knoblauchzehen
2 bis 3 Spritzer Worcestersauce

Garnitur
1 Zitrone
1 Tomate
1 Ei, hart gekocht

Die kochfertige Forelle auf ein Küchentuch legen und mit unbehandelter Gaze einbinden, damit sie sich beim Kochen nicht krümmt.
3 bis 4 l leicht gesalzenes Wasser aufkochen. Die Gewürze, die grobgehackten Zwiebeln, die Karotte, die Knoblauchzehen und die Petersilienzweiglein hineingeben. 5 Min. kochen. Dann den Fisch beifügen, die Hitze klein stellen und den Fisch etwa 30 Min. ziehen lassen. Im Sud erkalten lassen, danach die Haut vom Kopf bis zur Schwanzflosse sorgfältig abziehen.
Die Avocados halbieren, schälen, entkernen, in Stücke schneiden und sofort mit dem Zitronensaft im Mixer pürieren.
Mit der feingehackten Zwiebel, der Mayonnaise, dem durchgepreßten Knoblauch und der Worcestersauce mischen. Wenn nötig, mit Salz und Pfeffer nachwürzen.
Den auf eine Platte angerichteten Fisch mit der Sauce dick überziehen und mit feinen Zitronen-, Tomaten- und Eischeiben garnieren. Die restliche Sauce separat servieren.
Wichtig: Schön sieht es aus, wenn die Forelle auf dem leicht geöffneten Bauch stehend angerichtet wird.
Tips:
- Man kann 100 g Mayonnaise durch Quark ersetzen.
- Als Hauptgericht serviert, reichen die Zutaten für 4 Personen.

Eine einfache Abwandlung der kalten Forelle, die früher jeweils ein kaltes Buffet als Prunkstück zierte

Seeforelle mit Mayonnaise

Die Forelle auf dem Einsatzsieb in die Fischkasserolle legen und mit leicht erwärmtem Weinsud begießen. Zudecken und langsam erhitzen. Bei kleinster Hitze 30 bis 35 Min. ziehen lassen. Bis zum Anrichten im erkalteten Sud belassen.

Mayonnaise mit Doppelrahm mischen. Mit Salz, Pfeffer und Estragon abschmecken. Die Forelle aus dem Sud heben, gut abtropfen lassen und mit Küchenpapier abtupfen. Die Haut zwischen Kopf und Schwanz sorgfältig entfernen. Auf eine Platte legen und das Fischfleisch mit Estragonblättchen garnieren. Die Platte mit halbierten Cherry-Tomaten, Zitronenscheiben, Krebsen und mit Petersilie dekorieren. Die Sauce separat dazu servieren.

Wichtig: Früher hat man solche Forellen mit Sülze überzogen. Das kann man natürlich auch machen, besonders wenn man die Forelle einige Stunden vorher zubereiten möchte. In diesem Fall sollte, wenn irgend möglich, selbstgemachter «Fischgelee» (s. S. 104) verwendet werden. Besonders attraktiv sieht es aus, wenn der Fisch auf dem Bauch angerichtet wird. Damit er gut steht, füllt man den Fischbauch mit 2 bis 3 rohen, geschälten Kartoffeln, die man auf der Unterseite glatt geschnitten hat.

Tip: Man kann die Forelle auch zusätzlich mit Sardellenfilets garnieren, dann muß man aber die Krebse oder die Garnelen weglassen. Da die Sardellen meistens etwas salzig sind und das zarte Aroma der Forelle beeinträchtigen können, werden sie vorher gewässert.

Kann vorbereitet werden
Arbeitsaufwand: 30 bis 35 Min.
Kochzeit: 20 Min.

Lachs, große Felchen (Balchen, Renken), Wolfsbarsch (Loup de mer)

Für 6 bis 8 Personen

1 kochfertige Seeforelle, wenn möglich mit rosafarbenem Fleisch (etwa 1,6 kg)
2 l «Weinsud» (s. S. 106)
200 g «Mayonnaise» (s. S. 101f.)
4 Eßl. Doppelrahm oder saurer Halbrahm
Salz, weißer Pfeffer
1 Eßl. gehackter Estragon

Garnitur
Estragonblättchen
Cherry-Tomaten
Zitronenscheiben
Frisch gekochte Krebse oder Garnelen (Krevetten)
Flachblättrige Petersilie

Eine Vorspeise, die sich auf einem Buffet sehr schön ausmacht. Die Zubereitung dieses marinierten Lachses lohnt sich allerdings nur, wenn mindestens sechs Personen mitessen. Eine Abwechslung zum bereits allzu bekannten Räucherlachs.

Gravlax

Kann vorbereitet werden
Arbeitsaufwand: 20 Min.
Zusätzlich Marinierzeit

Seeforelle

Für 8 bis 10 Personen

1 frischer Lachs (etwa 2,2 bis 2,5 kg)
1 1/2 Eßl. weiße Pfefferkörner
2 1/2 bis 3 gestrichene Eßl. Salz, grob gemahlen (evtl. Meersalz)
100 g Zucker
4 Eßl. frische Dillspitzen, fein gehackt
4 bis 5 Eßl. Cognac, nach Belieben

Sauce
4 Eßl. Dijon-Senf
2 Eßl. Zucker
5 Eßl. weißer Weinessig
1/8 l Traubenkern-, Distel- oder Sonnenblumenöl
1 1/2 Eßl. Dillspitzen, fein gehackt
Salz, weißer Pfeffer aus der Mühle

Den Lachs vom Fischhändler schuppen, entgräten und filetieren lassen. Mit einer Pinzette die senkrechten Gräten entfernen. Die Pfefferkörner leicht zerdrücken. Mit Salz, Zucker und Dill mischen. Ein Filet mit der Hautseite nach unten in ein längliches Glas- oder Porzellangefäß legen. Die Mischung darüber verteilen. Nach Belieben mit dem Cognac beträufeln. Das zweite Filet, Hautseite nach oben, darüberlegen. Zuerst mit einem Stück Aluminiumfolie, dann mit einem Holzbrett bedekken und mit mehreren Konservenbüchsen beschweren. Im Kühlschrank 36 Std. marinieren lassen, dabei die beiden Filets, ohne sie voneinander zu lösen, alle 12 Std. wenden.
Für die Sauce Senf, Zucker und Essig gut verrühren. Das Öl unter ständigem Rühren beifügen. Den Dill dazumischen und die Sauce mit Salz und Pfeffer pikant abschmecken. Bis zum Servieren bei Küchentemperatur aufbewahren. Im Kühlschrank wird sie zu fest.
Zum Servieren die marinierten Lachsfilets abtropfen, aufschneiden und auf einem Brett auf den Tisch bringen. Die Sauce separat dazu servieren. Toastbrot und Butter passen gut dazu.
Wichtig: Die Lachsseiten müssen mit Marinade gut bedeckt sein. Man muß sie auch ab und zu wenden, damit der Dillgeschmack gut in das Fleisch eindringen kann.
Tip: Wer es ausgesprochen leicht haben möchte, verzichtet auf die Sauce und serviert den Fisch nur mit Zitronenvierteln.

Variationen:

- Die Sauce kann mit grünem Pfeffer angereichert werden. In diesem Fall den Dill weglassen.
- Anstelle des Dijon-Senfes 2 Eßlöffel mit wenig Wasser angerührtem englischem Senf verwenden.

Sardinen eignen sich gut zum Einlegen in eine aromatische Beize. Ein praktisches Rezept, weil es ein bis zwei Tage im voraus zubereitet werden kann.

Sardinen in Marinade

Kann vorbereitet werden
Arbeitsaufwand: 30 Min.
Kochzeit: 70 Min.
Marinierzeit: 12 Std.

Heringe, Makrelen

Für 6 Personen

1 kg Sardinen
Salz, Pfeffer
3 Eßl. Olivenöl
1 Knoblauchknolle
4 Lorbeerblätter
5 Pfefferkörner
3 Pimentkörner
3 Korianderkapseln
1 kleines Stück rote Pfefferschote, scharf
3 dl Weinessig

Die Sardinen schuppen, ausnehmen, den Kopf wegschneiden und innen und außen mit Salz und Pfeffer bestreuen. Auf Küchenpapier gut trocknen, dann in Olivenöl beidseitig braten. In ein flaches Tongefäß legen. Knoblauchknolle ungeschält quer halbieren. Mit Lorbeerblättern, Pfeffer- und Pimentkörnern, Korianderkapseln, Pfefferschote (ohne Samen) und Weinessig 10 Min. kochen. 1 Std. ziehen lassen, nochmals aufkochen, abschmecken und über die Sardinen gießen.
Die Form mit Klarsichtfolie abdecken und im Kühlschrank mindestens 12 Std. vor dem Servieren marinieren.
Wichtig: Früher hat man die Fische vor dem Braten im Mehl gewendet. Ich brate sie ohne Mehl. Allerdings geht das nur, wenn man die Sardinen vorher gut trockentupft.
Tip: Man kann auch tiefgekühlte Sardinen verwenden, muß sie aber vor dem Putzen im Kühlschrank auftauen lassen.

Eine raffinierte warme Vorspeise, die etwas Geduld erfordert.

Mousse de rougets au basilic

Meerbarbenmousse mit Basilikum

Kann weitgehend vorbereitet werden
Arbeitsaufwand: 40 Min.
Kochzeit: 20 Min.

Drachenkopf (Rascasse), Meerbrasse (Dorade)

Für 8 Personen

400 g Meerbarbenfilets (Rouget), nur geschuppt, nicht gehäutet
1 Eiweiß
2 1/2 dl Rahm
1 Eßl. gehacktes Basilikum
1 Teel. Pernod
1 Eßl. Weißwein
Salz, weißer Pfeffer
Butter für die Förmchen
8 Basilikumblätter

Sauce
1 Eßl. Schalotten, fein gehackt
1 Eßl. Butter
2 reife Tomaten, geschält
1 Knoblauchzehe
1 Eßl. gehacktes Basilikum
2 Eßl. Rahm
2 Sardellenfilets
1 Teel. Zucker
Salz, Pfeffer

Alle Zutaten für die Mousse kühl stellen. 2 Meerbarbenfilets in kleine Würfel schneiden und für die Garnitur beiseite stellen.
Die restlichen Meerbarbenfilets kleinschneiden. Mit Eiweiß im Cutter* hacken. Rahm, Basilikum, Pernod und Weißwein zugeben und alles zu einem Püree verarbeiten. Die Masse durch ein feines Sieb streichen. Das Püree mit Salz und Pfeffer abschmecken. Kleine Souffléförmchen mit Butter ausstreichen. Die Masse einfüllen. In ein Wasserbad stellen und mit Pergament- oder Aluminiumfolie abdecken. 20 Min. bei 160 °C im Ofen garen.
Für die Sauce die Schalotten in 1 Eßlöffel Butter anziehen lassen. Die Tomaten klein würfeln, zufügen und kurz mitdünsten. Knoblauchzehe durchpressen, zusammen mit dem Basilikum zugeben, gut wenden. Mit Rahm ablöschen und gehackte Sardellenfilets dazumischen. Mit Zucker, sehr wenig Salz und Pfeffer abschmecken.
Die vorbereiteten Meerbarbenwürfel in einer Bratpfanne in Butter ganz kurz anziehen lassen. Die Mousse auf vorgewärmte Teller stürzen und die Sauce ringsum gießen. Die Meerbarbenwürfel über das Gericht verteilen. Mit je einem Basilikumblatt garnieren.
Wichtig: Die Masse muß nach dem Pürieren durch ein feines Sieb gestrichen werden, damit Hautrückstände aus dem Püree entfernt werden können.
Tip: Beim Kauf der Fische nach den Lebern fragen. Sie können kleingeschnitten mit den

Meerbarbenwürfeln kurz in Butter gewendet werden. Das gibt dem Gericht eine ganz raffinierte Note.

Variationen:

- Die Sauce kann durch eine «Beurre blanc» (s. S. 102 f.) mit Basilikumstreifen ersetzt werden.
- Timbaleförmchen mit Butter ausstreichen. Mit Wittling- oder Seezungenfilets (Hautseite nach unten) auslegen. Füllung (wie oben) in die Mitte geben. Förmchen auf den Tisch klopfen, damit keine Hohlräume entstehen.

* Im Gegensatz zum Mixer hat der Cutter ein scharfes Messer, das die Fasern des Fischfleisches fein zerschneiden kann. Das Gerät gibt es in verschiedenen Größen zu kaufen. Für den Haushalt am praktischsten ist ein mittelgroßes Modell, heute unentbehrlich für die Zubereitung von Füllungen, Fischmousse und ähnlichem.

Eine delikate Fischpastete, die nach Belieben gefüllt werden kann, z. B. mit Seeteufel, Garnelen und Gemüse

Fischterrine mit Krevetten und Gemüse

Kann vorbereitet werden
Arbeitsaufwand: 1 1/2 Std.
Garzeit: 1 Std.

Seehecht (Colin, Wittling (Merlan)

Alle Zutaten 1 Std. kühl stellen. Seeteufel in kleine Stücke schneiden und mit Rahm, Eiweiß und Wermut im Cutter (s. S. 65) pürieren. Mit Salz und Pfeffer würzen. Kalt stellen. Das Weißbrot in Stücke brechen, in eine Schüssel legen und mit Fischfond begießen. Nach dem Aufweichen gut ausdrücken und im Cutter mixen oder durch ein feines Sieb passieren. Eine Kastenform mit Klarsichtfolie auslegen, mit Butter ausstreichen und 2 cm hoch mit Fischmasse füllen. Die Garnelen auf Küchenpapier trocknen und dann mit so viel Fischmasse mischen, daß sie gut zusammenhalten. Die Kräuter beifügen.

Für 8 Personen

Weiße Füllung
600 g Seeteufel (Baudroie), ohne Gräten
3 ½ dl Rahm
1 Eiweiß
2 Eßl. trockener Wermut (Noilly Prat)
Salz, weißer Pfeffer
200 g Weißbrot, ohne Rinde
1 dl Fischfond (s. S. 104 f.) oder Milchwasser (1:1)
Butter für die Form

200 g große Garnelen (Riesenkrevetten)
Je 1 Eßl. Estragon und Petersilie, gehackt

100 g Karotten
100 g Sellerie
100 g grüne Bohnen
20 g kleine Champignons
1 Eßl. Zitronensaft
½ dl Weißwein

Sauce
100 g Mayonnaise
150 g Rahmquark
2 Eßl. Ketchup
1 Eßl. Whisky, nach Belieben
3 Eßl. steifgeschlagener Rahm
Salz, Pfeffer

Karotten und Sellerie in Stengelchen von 5 mm Breite schneiden. Bohnen fädeln und mit den Gemüsestengelchen in wenig gesalzenem Wasser knapp weich kochen. Die Champignons gut reinigen, ganz belassen und mit Zitronensaft, Weißwein und wenig Salz weich dämpfen.

Auf die erste Fischmassenschicht die Hälfte der Gemüse der Länge nach anordnen. Die Garnelenfüllung in die Mitte geben. Mit weißer Fischmasse bedecken, dann wiederum eine Lage Gemüse daraufgeben. Die Champignons in zwei Reihen einsetzen. Mit der Fischmasse abschließen.

Die überstehende Folie über die Terrine ziehen. Die Form mehrmals auf den Tisch klopfen (Tuch unterlegen), damit keine Hohlräume entstehen. Die Form mit einem passenden Deckel oder mit Alufolie abdecken. Das Gefäß in ein Wasserbad stellen und auf dem Herd oder im Ofen bei 80 °C Wassertemperatur (Thermometer benützen!) 50 bis 60 Min. garen. Nach dem Erkalten 12 Std. im Kühlschrank ruhen lassen. Die Terrine vorsichtig mit Hilfe der Folie aus der Form heben, in Scheiben schneiden und nach Belieben garnieren.

Für die Sauce alle Zutaten gut mischen.

Wichtig: Die Terrine darf nicht zu heiß bekommen, weil die zarte Fischmasse sonst grießig wird. Das Ausschlagen der Form mit Klarsichtfolie erleichtert das Stürzen.

Variationen:

- Die Hälfte der weißen Füllung mit Kräutern mischen.
- Anstelle der erwähnten Gemüse halbgar gekochten grünen Spargel verwenden.
- Gemüse weglassen, dafür die Hälfte der Füllung mit 400 g pürierten Brokkoli mischen. Die Garnelen in die weiße Füllung geben.

Wer schon in Belgien war, hat sicher einmal die Nationalvorspeise, Tomaten mit Nordseekrabben, gegessen — ein einfaches Gericht, das aber immer gut ankommt, wenn alle Zutaten von bester Qualität sind.

Tomates aux crevettes

Kann vorbereitet werden
Arbeitsaufwand: 20 Min.

Sägegarnelen (Crevettes roses/Gambas), Krebsfleisch (Crab meat)

Für 4 Personen

4 schöne Tomaten, reif und fest
Salz, weißer Pfeffer
100 g (hausgemachte) Mayonnaise (s. S. 101 f.)
1 Eßl. Doppelrahm oder saurer Halbrahm
½ Teel. scharfer Senf (Dijon)
1 Eßl. Zitronensaft
150 g Nordseekrabben (Crevettes grises), gekocht und geschält

Von den Tomaten einen Deckel wegschneiden, die Früchte aushöhlen, dabei etwa ½ cm Tomatenfleisch stehen lassen. Das restliche Tomatenfleisch für eine Sauce verwenden. Das Innere der Tomaten mit wenig Salz bestreuen. Die Tomaten mit der Öffnung nach unten auf ein Sieb stellen.
Inzwischen die Mayonnaise mit Rahm, Senf und Zitronensaft gut verrühren. Wenn nötig, noch ein wenig Salz und Pfeffer zufügen. Die Krabben unter die Mayonnaise mischen. Die Tomaten füllen und den Deckel wieder aufsetzen.
Wichtig: In Belgien verwendet man für dieses Gericht immer die Nordseekrabben (Crevettes grises), die es an den Küsten dieses Landes gibt. Man kann sie dort bereits gekocht und geschält kaufen. Bei uns gibt es sie bestenfalls roh in der Schale. Sie werden, wie die größeren Garnelen (Krevetten), nur 3 Min. gekocht, kalt abgespült und geschält, was ziemlich viel Zeit braucht. 100 g Crevettes grises in der Schale ergeben ungefähr 50 g geschälte!
Tip: Die Tomaten sollten höchstens ½ Std. vor dem Servieren gefüllt werden. Bei Verwendung von Sägegarnelen diese je nach Größe kleinschneiden.
Variationen:
- Mayonnaise mit etwas Rahmquark verrühren.
- Der Mayonnaise 1 Eßlöffel feingehackte Zwiebeln oder 1 durchgepreßte Knoblauchzehe beifügen.
- Tomaten mit Fischsalat füllen.

Eine beliebte Vorspeise, die sich vom üblichen Krevettencocktail abhebt. Die pikant gewürzte Sauce enthält etwas Ingwer, ein Gewürz, das zu Garnelen sehr gut paßt

Krevettencocktail à ma façon

Für die Sauce Joghurt, Ketchup, Ingwerwurzel und Cognac gut mischen. Den steifgeschlagenen Rahm darunterziehen und mit Salz und Cayennepfeffer pikant würzen. Mit den Garnelen mischen. 4 Garnelen für die Garnitur zurückbehalten.
Hohe Kelchgläser mit gewaschenem und gut abgetropftem Portulak auslegen. Den Cocktail unmittelbar vor dem Servieren einfüllen. Mit je einer Garnele und einem Salatblatt garnieren.
Wichtig: Dieser Cocktail sollte nicht eiskalt serviert werden. Man kann ihn zwar 2 Std. im voraus zubereiten und im Kühlschrank aufbewahren, aber man muß ihn 30 Min. vor dem Essen herausnehmen.
Variationen:
- Ingwer durch feingeschnittene Trüffelstreifen oder 1 Teelöffel grünen Pfeffer ersetzen.
- Feste Süßwasserfische verwenden wie Felchen (Renken), Forellen, Saiblinge usw., den Cognac durch 1 Eßlöffel Kirsch, den Ingwer durch frisch geriebenen Meerrettich ersetzen.
- Anstelle von Ketchup 1 Eßlöffel Currypulver (Madras) zufügen.

Kann vorbereitet werden
Arbeitsaufwand: 15 Min.

Kaisergranate (Scampi), Krebsfleisch (Crab meat), Seeteufel (Baudroie)

Für 4 Personen

250 g Garnelen (Krevetten), gekocht und geschält
100 g Portulak oder junge, zarte Spinatblätter

Sauce
1 Joghurt «nature»
2 Eßl. Ketchup
2 Teel. Ingwerwurzel, fein gerieben
2 Eßl. Cognac oder Armagnac
2 Eßl. steifgeschlagener Rahm
Salz
1 Prise Cayennepfeffer

Klein, aber fein ist dieser delikate Salat, dessen Mittelpunkt lauwarme Kaisergranate sind.

Scampi in Schnittlauchvinaigrette

Kann weitgehend vorbereitet werden
Arbeitsaufwand: 25 Min.
Kochzeit: 1 bis 2 Min.

Große Garnelen (Riesenkrevetten)

Für 4 Personen

8 große Kaisergranatschwänze (Scampi)
1 kleiner Frisée-Salat
2 Lattughini (italienischer Blattsalat)
4 schöne Feldsalatbüschel
4 Eßl. Olivenöl, kalt gepreßt
1 ½ Eßl. Sherry-Essig
Salz, weißer Pfeffer
1 Eßl. Schnittlauch, fein geschnitten
1 geschälte Tomate

Die rohen Kaisergranate sorgfältig schälen. Den Darm (brauner Faden) herausziehen. Die Salate putzen, waschen und sehr gut abtropfen.

Die Salate auf große Teller schön anordnen. Einen Siebaufsatz mit ½ Teelöffel Olivenöl auspinseln. Die Kaisergranate darauflegen. Über dem Dampf 1 bis 2 Min. garen.

Essig mit wenig Salz gut verrühren. Das restliche Öl zugeben. Mit Pfeffer nachwürzen. Schnittlauch dazumischen. Die Kaisergranate noch lauwarm zu den Salaten anrichten. Mit feinen Tomatenstreifen garnieren. Die Sauce über den Salat verteilen und sofort servieren.

Wichtig: Die Kaisergranate dürfen nicht verkochen. Das Garen im Dampf verhindert das: sie behalten ihre rosa Farbe und bleiben fest. Auf diese Art können sie im allerletzten Moment gekocht und wirklich lauwarm serviert werden.

Tip: Zur Abwechslung kann man auch Estragonessig nehmen und bei der Sauce den Schnittlauch durch 1 Teelöffel frisch gehackten Estragon ersetzen.

Variation: Die Kaisergranate auf Aluminiumfolie grillieren und den Schnittlauch durch eine halbe durchgepreßte Knoblauchzehe ersetzen.

Ein Salat, der auch mit größeren Tintenfischen zubereitet werden kann und nicht viel Arbeit macht

Einfacher Tintenfischsalat

Die Tintenfische putzen. 1 l Wasser mit etwas Salz, den Pfefferkörnern, den Fenchelsamen, dem Lorbeerblatt, der grobgeschnittenen Zwiebel und den halbierten Knoblauchzehen aufkochen. Die Tintenfische ganz hineingeben und 1 Std. kochen (im Dampfkochtopf nur 20 Min.). Im Sud erkalten lassen.
Salz mit Essig und Senf verrühren. Öl und die Hälfte des Estragons zugeben. Die Zwiebeln in feine Streifen und die Tintenfische in kleine Stücke schneiden. Mit den Zwiebeln, dem durchgepreßten Knoblauch und der Sauce mischen. 1 Std. ziehen lassen. Mit dem restlichen Estragon bestreuen.
Wichtig: Für diesen Salat kann man auch tiefgekühlte Tintenfische verwenden. Die Hauptsache ist, daß sie weich gekocht werden.
Tip: Der Salat läßt sich mit Tomaten, hartgekochten Eiern, feingeschnittenen Paprikaschoten, Gewürzgurkenscheiben oder Cornichons garnieren.
Variation: Muscheln und gekochte Fischwürfelchen darunterziehen.

Kann vorbereitet werden
Arbeitsaufwand: 25 Min.
Kochzeit: 1 Std.

Kalmar, Sepia

Für 4 Personen

1 bis 2 große Tintenfische (Kraken)
Salz
5 Pfefferkörner
1 Teel. Fenchelsamen
1 Lorbeerblatt
1 große Zwiebel
2 bis 3 Knoblauchzehen

Sauce
Salz
1 Eßl. Weinessig
1 Teel. scharfer Senf (Dijon)
4 Eßl. Olivenöl
2 Eßl. gehackter Estragon
1 Zwiebel
2 Knoblauchzehen

Ein preisgünstiger Fischsalat mit typisch italienischer Note! Er kann bereits einige Stunden vor dem Essen zubereitet werden.

Neapolitanischer Tintenfischsalat

Kann vorbereitet werden
Arbeitsaufwand: 25 Min.
Kochzeit: 10 Min.

Verschiedene Fische und Meeresfrüchte wie Seeteufel (Scampi) oder Seeohren (Abalones)

Für 4 Personen

350 g tiefgekühlte Tintenfische, kochfertig
1 Zwiebel
5 Pfefferkörner
1 Lorbeerblatt
500 g Miesmuscheln (Moules)
2 dl Weißwein
1 Zwiebel
5 Eßl. Olivenöl
Saft von 1 Zitrone
Salz, schwarzer Pfeffer aus der Mühle
½ Teel. Origano
1 Kopf- oder Endiviensalat, in Streifen geschnitten
3 Tomaten

Die geputzten Tintenfische in Ringe schneiden und mit 3 dl Wasser, der grobgeschnittenen Zwiebel, den Pfefferkörnern und dem Lorbeerblatt 15 bis 20 Min. kochen. Im Sud erkalten lassen. Inzwischen die gut gereinigten Muscheln mit Weißwein und der geschnittenen Zwiebel aufkochen, bis sich die Schalen öffnen. Ein wenig erkalten lassen, dann das Fleisch aus den Schalen lösen.
Mit 3 Eßl. Muschelsud, Olivenöl, Zitronensaft, Pfeffer, Salz und Origano eine pikante Sauce zubereiten. Die abgetropften Tintenfischringe, die Miesmuscheln und die Salatstreifen mischen und das Ganze mit Tomatenvierteln garnieren.
Wichtig: Die Tintenfischringe müssen unbedingt weich gekocht sein. Am schnellsten geht es im Dampfkochtopf (ein Drittel der Kochzeit).
Variationen:
- Mit Fischwürfelchen mischen, z. B. mit Seeteufel oder anderen Meeresfischen mit festem Fleisch.
- «Salicornes» (Meerbohnen*) kurz blanchieren, kleinschneiden und unter den Salat ziehen.
- Kopfsalat durch sehr feine, geschälte Paprikaschotenstreifen ersetzen.

* Kleine, fleischige und mit salzigem Saft gefüllte Pflanzen, die bis hinauf nach Norwegen wachsen. Man findet sie aber auch in der Camargue. Geerntet werden diese Algen etwa Mitte Juli.

Ein Salat, den wir überall an den Küsten Italiens finden — pikant und erfrischend

Insalata di mare

Meersalat

Die Calamari ausnehmen und waschen. Die Seppie und Polpi mit grobgeschnittener Zwiebel, Petersilienstielen, Lorbeerblatt, Pfefferkörnern, wenig Salz und Wasser 10 Minuten kochen. Dann die Calamari zufügen. 6 Minuten weiterkochen. Die Krevetten ebenfalls zugeben und 5 Minuten ziehen lassen. Die Arme der Tintenfische halbieren. Die Calamari in Ringe schneiden. Die Krevetten schälen. Petersilie ganz fein hacken. Knoblauch durchpressen. Alle Zutaten für die Sauce zusammen verrühren. Über die Fische gießen und gut wenden. 2 bis 3 Stunden ziehen lassen.
In Italien werden die Muscheln nach dem Putzen ungefähr 15 Minuten in kaltes Wasser gelegt, bevor sie gekocht werden. Dann werden sie im Sud vorgekocht und herausgenommen. Die Tintenfische und Krevetten werden anschließend im gleichen Sud gegart. So werden sie noch aromatischer.
Tip: Der Sud kann für einen Risotto gebraucht werden. Er läßt sich auch tiefkühlen und später verwenden.
Wein: Cinque Terre bianco.

Kann vorbereitet werden
Marinierzeit: 2 bis 3 Stunden

Für 4 Personen

Sauce
1 Knoblauchzehe
2 große Büschel Petersilie
2 Teel. Weinessig
Saft von 2 Zitronen
Weißer Pfeffer, frisch gemahlen, oder 1 kleines Stück Peperoncino
2 Teel. scharfer Senf (nach Belieben)
4 Eßl. kaltgepreßtes Olivenöl
400 g Tintenfische (Calamari, Seppie und Polpi)
200 g mittelgroße Krevetten
1 Zwiebel
2 bis 3 Petersilienstiele
1 Lorbeerblatt
1 Teel. Pfefferkörner
Salz, Pfeffer

Avocados, gefüllt mit einer raffinierten Mischung aus Avocadofleisch, Basilikum und Jakobsmuscheln, kühl serviert — eine Delikatesse

Avocados mit Jakobsmuscheln

Kann vorbereitet werden
Arbeitsaufwand: 20 Minuten, zusätzlich 1 Stunde Marinierzeit

Für 4 Personen

3 gehackte Schalotten
2 Eßl. Olivenöl
Saft von 3 Zitronen
1 Eßl. grüner Pfeffer (Madagaskar)
½ Eßl. Basilikum, frisch gehackt
8 Jakobsmuscheln (evtl. tiefgekühlt)
4 Avocados
Salz, Pfeffer aus der Mühle
1 Eßl. Schnittlauch, fein geschnitten

Schalotten, Öl und Saft von 2 Zitronen mit 4 leicht zerdrückten grünen Pfefferkörnern und Basilikum mischen. Muscheln öffnen, abspülen und mit Küchenpapier trocknen. Das Muschelfleisch klein schneiden. Die «Corails» (roter Teil des Muschelfleisches) mit den Würfeln zur Marinade geben. 1 Stunde im Kühlschrank ziehen lassen. Avocados längs halbieren, den Stein entfernen. Die Schnittfläche sofort mit Zitronensaft beträufeln. Das Avocadofleisch sorgfältig aus der Schale herauslösen. 4 halbe Schalen zurückbehalten. Das Avocadofleisch mit dem restlichen Zitronensaft im Mixer pürieren. Salz und Pfeffer zugeben. Die Jakobsmuscheln abtropfen lassen und unter das Avocadopüree mischen. 4 «Corails» für die Garnitur zurückbehalten. Die Mischung in die Schalen füllen. Mit je einem «Corail» garnieren und mit Schnittlauch bestreuen.

Bemerkungen: Jakobsmuscheln sind tiefgekühlt erhältlich. Für diese Zubereitungsart können gefrorene gut verwendet werden (immer vor Gebrauch ganz auftauen lassen).

Beilagen: Frisches Weißbrot.

Wein: Gehaltvoller Weißwein, z. B. weißer Rioja, Sancerre, Frankenwein oder Sekt.

Variationen:

- Jakobsmuscheln durch gekochten Meerfisch ersetzen.
- Cocktailsauce dazu servieren (Mayonnaise mit Quark, Ketchup, Cognac und wenig Cayennepfeffer mischen).
- Avocadopüree mit Crevetten mischen.

Eine kleine, pikante Vorspeise — Miesmuscheln in einer Kräutervinaigrette —, nach Lust und Laune angereichert mit Lauch oder Zwiebeln

Moules in Vinaigrette

Kann vorbereitet werden
Arbeitsaufwand: 25 Min.
Kochzeit: 3 bis 4 Min.

Tintenfische

Für 4 Personen

1 kg Miesmuscheln (Moules)
200 g Frühlingszwiebeln oder zarter Lauch

Sauce
½ Eßl. Weinessig
½ Eßl. Zitronensaft
Salz, Pfeffer aus der Mühle
½ Teel. scharfer Senf (Dijon)
2 Eßl. Olivenöl
1 Eßl. gehackter Estragon
2 Knoblauchzehen

Zwiebeln in sehr feine Ringe schneiden. Die Muscheln putzen (s. S. 109) und im Dampf oder in einem Topf ohne Wasserzugabe erhitzen, bis sich die Schalen öffnen. Für die Sauce Essig, Zitronensaft mit etwas Salz und viel Pfeffer aus der Mühle gut mischen. Senf, Öl, die Hälfte des Estragons und den durchgepreßten Knoblauch dazurühren. Die Muscheln mit dem in den Schalen noch enthaltenen Wasser und die Zwiebelringe zugeben und gut mischen. Mit dem restlichen Estragon bestreuen.

Wichtig: Die Miesmuscheln erst im letzten Moment kochen, damit sie nicht austrocknen! Ist dies nicht möglich, kocht man sie mit Vorteil in einem Sud und läßt sie darin erkalten.

Tip: Dieser Salat schmeckt lauwarm am besten.

Variation: Estragon durch Basilikum oder gemischte Kräuter ersetzen. Im Frühjahr schmeckt Bärlauch ganz hervorragend. In diesem Fall Zwiebeln, Lauch und Kräuter weglassen.

Fisch und Meeresfrüchte warm

Meerbarbenfilets mit Kräutern mariniert und auf südliche Art zubereitet

Meerbarbenfilets mit Zucchini

Die Meerbarben vom Händler schuppen und filetieren, aber nicht häuten lassen.
Alle Zutaten für die Marinade mischen und mit einem Pinsel auf die Fischfilets auftragen. 4 Std. im Kühlschrank ziehen lassen.
Den ungeschälten Zucchino und die Tomate in Würfelchen schneiden. Zucchiniwürfelchen, Schalotten und Knoblauch glasig dünsten, Tomatenwürfelchen und Kräuter zugeben. Mit Salz und Pfeffer nachwürzen und evtl. mit Pernod abschmecken. Die Fischfilets mit Salz und Pfeffer würzen und in Butter leicht braten.
Die Fischfilets auf der Gemüsemischung anrichten.
Wichtig: Die Meerbarben sollten nur geschuppt und nicht gehäutet werden, damit sie die attraktive Rotfärbung behalten. Die Zucchini dürfen beim Dünsten keinen Saft abgeben. Dies kann mit hoher Hitze erreicht werden.
Variationen:
- Die Meerbarben und das Gemüse lauwarm mit einer einfachen Vinaigrette aus Olivenöl, Basilikum, Senf und Zitronensaft servieren.
- Butter durch kaltgepreßtes Olivenöl ersetzen.

Kann teilweise vorbereitet werden
Arbeitsaufwand: 30 Min.
Marinierzeit: 24 Std.

Knurrhahn

Für 4 Personen

8 kleine Meerbarbenfilets (Rouget) mit Haut (etwa 600 bis 800 g)

Marinade
1 Eßl. gehacktes Basilikum
1 Eßl. Kräuter, frisch gehackt (Dill, Majoran, Thymian, wenig Salbei)
3 Eßl. Olivenöl
1 Knoblauchzehe
1 Eßl. Senf (Dijon)

1 kleiner Zucchino
1 geschälte Tomate
1 Eßl. Schalotten, fein gehackt
1 Knoblauchzehe
1 Eßl. Kräuter, frisch gehackt (Majoran, Thymian, wenig Salbei)
Salz, Pfeffer
½ Teel. Pernod, nach Belieben
2 Eßl. Gourmet-Butter

Dekorativ und delikat sind diese kleinen Forellenmousses, vor allem wenn man sie noch mit Flußkrebsen garniert.

Forellenmousses mit Krebssauce

Kann weitgehend vorbereitet werden.
Arbeitsaufwand: 45 Min.
Kochzeit: 20 Min.

Zander, Hecht

Für 4 Personen

300 g Forellenfilets (Gräten und Köpfe verlangen)
1 dl Weißwein
2 gehackte Schalotten
1½ dl Rahm
2 Eiweiß
Salz, weißer Pfeffer
Butter für die Souffléförmchen und die Folie

Krebssauce
3 dl «Krebsfond» (s. S. 107)
1 Eßl. Cognac
2 dl Rahm
Salz, Pfeffer
4 bis 8 im Sud gekochte Krebse nach Belieben

Die Gräten und Fischköpfe gut abspülen. Mit Weißwein, 1 dl Wasser und den Schalotten 10 Min. kochen. Durch ein feines Sieb passieren, dabei die Schalotten gut ausdrücken. Den Sud auf ½ dl einkochen. Erkalten lassen und kühl stellen. Das Forellenfleisch, den Rahm und die Eiweiße ebenfalls 1 Std. kühl stellen. Das Forellenfleisch in Stücke schneiden, mit dem kalten Sud und den Eiweißen im Cutter (s. S. 65) pürieren. Rahm langsam zugeben und weitermixen. Mit Salz und Pfeffer abschmecken. Die Förmchen mit Butter ausstreichen. Die Masse einfüllen. Den Backofen auf 120 °C einstellen. Ein flaches Gefäß mit einem Tuch auslegen und 1½ bis 2 cm hoch heißes Wasser einfüllen. Die Förmchen hineinstellen. Eine Pergamentfolie mit Butter bestreichen und mit der bebutterten Seite nach unten auf die gefüllten Förmchen legen. In den Ofen stellen und die Mousses im Wasserbad etwa 20 Min. garen lassen. Nach 15 Min. mit einer Messerspitze prüfen, ob die Masse fest geworden ist.
Für die Sauce den Krebsfond auf ½ dl einkochen. Cognac beigeben, einen Moment weiterkochen, dann den Rahm dazugießen. Einkochen lassen, bis die Sauce sämig wird. Mit Salz und Pfeffer abschmecken. Die Förmchen stürzen und die Sauce ringsum gießen. Nach Belieben mit 1 oder 2 frisch gekochten Krebsen garnieren.
Wichtig: Das Wasser des Wasserbads sollte nicht heißer als 80 °C werden. Am besten mit dem Thermometer messen. Die Ofentemperatur je nachdem etwas reduzieren.

Tip: Die Krebse schälen, evtl. den Kopf belassen oder eine Schale als Garnitur auf den Teller legen.
Variation: Mit Butter ausgestrichene kleine Timbaleformen mit einem Forellenfilet (Hautseite nach unten) auslegen. Die Füllung in die Mitte geben.

Eine preisgünstige, südliche Vorspeise, die ohne große Mühe zubereitet werden kann

Sardinen im Ofen

Die Sardinen schuppen, ausnehmen und die Köpfe wegschneiden. Eine feuerfeste, rechteckige Form mit Öl auspinseln. Die Sardinen hineinlegen.
Die Tomaten halbieren, etwas auspressen und kleinschneiden. Den Knoblauch fein hacken. Mit Tomaten, Zwiebeln, Petersilie und gehacktem Fenchel mischen. Die Sardinen mit Salz und viel Pfeffer aus der Mühle bestreuen. Die Tomatenmischung mit 1 Prise Cayennepfeffer, wenig Salz und Zucker abschmecken. Über die Sardinen verteilen. Mit Olivenöl beträufeln und 30 Min. bei 180 °C im Ofen schmoren lassen. Ab und zu etwas Weißwein zufügen. Die Sauce soll dickflüssig bleiben.
Wichtig: Gericht nicht siedendheiß auf den Tisch bringen, sondern gerade so, daß man es noch als warm empfindet. Das Aroma kommt dadurch besser zur Geltung. Tiefgekühlte Sardinen zuerst im Kühlschrank auftauen lassen.
Tip: Dazu knuspriges Bauernbrot.

Kann vorbereitet werden
Arbeitsaufwand: 20 Min.
Backzeit: 30 Min.

Makrelen

Für 4 Personen

8 Sardinen, frisch oder tiefgekühlt
1 Eßl. Öl
4 große, fleischige Tomaten, geschält
4 Knoblauchzehen
1 gehackte Zwiebel
2 Eßl. gehackte Petersilie
1 Zweiglein Fenchelkraut
Salz, schwarzer Pfeffer aus der Mühle
1 Prise Cayennepfeffer
1 Prise Zucker
3 Eßl. Olivenöl
1 dl Weißwein

Eine der schönsten Vorspeisen — kleine Pfannkuchen aus Hefeteig, garniert mit Räucherlachs und Kaviar

Blinis mit Lachs und Kaviar

Kann teilweise vorbereitet werden
Arbeitsaufwand: 30 Min.
Backzeit: 2 bis 3 Min. je Pfannkuchen
Ruhezeit des Teiges: 12 Std.

Matjes, eingelegte Heringe

Für 4 Personen

Teig
25 g Hefe
½ Teel. Zucker
1 Eßl. lauwarme Milch
100 g Buchweizenmehl
200 g Weißmehl
4 dl Milch
3 Eigelb
1 dl Rahm
3 Eiweiß
½ Teel. Salz
2 Eßl. eingesottene Butter

Garnitur
1 kleine Dose Kaviar
1 Glas Keta-Kaviar (Salmrogen), nach Belieben
100 g Räucherlachs
2 dl saurer Halbrahm

Die Hefe zerbröckeln und mit Zucker und 1 Eßlöffel lauwarmer Milch gut verrühren. Das Mehl in eine vorgewärmte Schüssel sieben. 2 dl Milch erwärmen. Lauwarm mit der aufgelösten Hefe zugeben und kräftig zu einem glatten, lockeren Teig schlagen. Den Teig 12 Std. kühl ruhen lassen. Die Eigelbe mit dem Rahm gut verquirlen. Die restliche Milch erhitzen, über den vorbereiteten Teig gießen und schlagen, bis Blasen entstehen. Die Rahm-Ei-Mischung darunterarbeiten. 1 bis 2 Std. bei Küchentemperatur ruhen lassen. Unmittelbar vor der Weiterverwendung die Eiweiße mit dem Salz steif schlagen. Unter den Teig ziehen.

Zum Backen kleine Bratpfännchen mit flüssiger Butter ausstreichen, etwa 2 Eßlöffel Teig hineingeben und bei mittlerer Hitze Pfannkuchen backen. Sobald die Unterseite gebacken ist, wenden und nach Bedarf noch etwas Butter zufügen.

Die bereits gebackenen «Blinis» im schwach geheizten Backofen (etwa 50 °C) warm halten. Eine Platte mit einer Serviette belegen, die Blinis daraufgeben, mit dem restlichen Teil der Serviette zudecken und sofort servieren. Dazu Kaviar und Salmrogen in der geöffneten Originalverpackung auf Eis, dünn geschnittenen Lachs und Sauerrahm servieren, so daß jeder Gast seine Blinis nach Belieben selbst belegen kann.

Wichtig: Der Teig muß im Pfännchen zerfließen. Sollte er zu dick sein, kann er mit etwas Milch verdünnt werden.

Die Blinis ertragen das längere Warmhalten nicht gut, weil sie durch die Hefe aufgehen. Am besten verwendet man mehrere Pfännchen und bäckt 2 bis 3 Blinis gleichzeitig.
Tip: Champagner oder Krimsekt und eisgekühlten Wodka dazu servieren.
Variationen:
- Kaviar und Salmrogen weglassen und die Blinis vor dem Belegen mit Lachs, mit frischer, flüssig gemachter Butter oder mit Sauerrahm bestreichen und dann mit Scheiben von Räucherlachs oder geräuchertem Stör belegen.
- Die Blinis mit Matjesfilets und gehackten Zwiebeln servieren.
- Mit einer Mischung aus eingelegten Heringen, Zwiebeln, geriebenen Äpfeln und gehacktem Ei belegen.

Eine festliche Feuilleté-Vorspeise, die komplizierter aussieht, als sie ist

Pastetchen mit Hecht- und Lachsklößchen

Kann weitgehend vorbereitet werden
Arbeitsaufwand: 1 Std.
Garzeit: etwa 5 Min.
Backzeit: 10 bis 15 Min.

Schleie, Trüsche, Hasel, Forelle

Für 4 Personen

300 g Blätterteig
1 Eigelb
Butter für die Folie

Füllung
200 g Hechtfleisch, ohne Gräten
1 Eiweiß
3 dl Rahm
200 g Lachs, ohne Gräten
2 Eßl. trockener Sherry
Salz, Pfeffer
½ l «Fischfond» (s. S. 104 f.)

Sauce
200 g frische grüne Erbsen
2 Eßl. Sherry
2 dl Rahm
1 Eigelb
1 Teel. gehackte Pfefferminze

Den Blätterteig zu einem Rechteck von 30 × 5 cm ausrollen. 6 Rechtecke ausschneiden. Auf jedem der Teigstücke mit dem Teigrädchen einen Deckel markieren. Mit Eigelb bestreichen und etwa 10 Min. bei 220 °C bakken. Erkalten lassen, dann die Deckel sorgfältig lösen. Die Pastetchen leicht aushöhlen.
Alle Zutaten für die Füllung 1 Std. kühl stellen. Das Hechtfleisch mit ½ Eiweiß und 4 Eßlöffeln Rahm im Cutter (s. S. 65) pürieren, dann durch ein feines Sieb streichen. Das Lachsfleisch mit dem restlichen Eiweiß und 4 Eßlöffeln Rahm ebenfalls pürieren und passieren. Die beiden Pürees mit je 1 Eßlöffel Sherry einzeln so lange rühren, bis feste Massen entstehen. Mit Salz und Pfeffer abschmekken. Einen Topf mit weitem Boden mit Pergamentfolie auslegen (den Topf auf die Folie stellen, den Boden nachzeichnen und ausschneiden). Die Folie mit Butter bestreichen. Einen Mokkalöffel in heißes Wasser tauchen und kleine, ovale Klößchen von den Fischmassen ausstechen. Mit einem zweiten Löffelchen lösen und auf die Folie im Abstand von ½ cm plazieren. Den Fischfond erwärmen und heiß, aber nicht siedend, langsam über die Klößchen verteilen. Den Topf aufsetzen und bei mittlerer Hitze aufkochen. Sobald die Klößchen obenauf schwimmen, diese mit dem Schaumlöffel abheben, in eine Schüssel geben und mit Sud bedecken.
Die vorbereiteten Pastetchen im Ofen 5 Min. erwärmen.
Für die Sauce 2 dl Fischfond (von den Klößchen) mit 2 Eßlöffeln Sherry und den Erbsen

aufkochen. $1\frac{1}{2}$ dl Rahm zugeben. Restlichen Rahm mit dem Eigelb gut verrühren. Zur Sauce geben und nur noch bis knapp vor den Siedepunkt bringen. Mit Salz und Pfeffer abschmecken. Die noch warmen rosa und weißen Klößchen in die heißen Pastetchen verteilen. Mit Sauce begießen und mit gehackter Pfefferminze bestreuen. Die Deckel wieder aufsetzen.

Wichtig: Pastetchen, Klößchen und Sauce (bis auf die Beigabe des Eigelbs) können vorbereitet werden. Wer keinen Topf mit weitem Boden besitzt, muß die Klößchen in zwei Kochvorgängen zubereiten. Sie sollten immer in Flüssigkeit (Fond oder Sauce) bis zur Weiterverwendung aufbewahrt werden, damit sie sich nicht verfärben.

Wenn Sie zum ersten Mal solche Klößchen zubereiten und sich noch etwas unsicher fühlen, können Sie ein Probeklößchen kochen und die Masse danach — je nach Resultat — mit Rahm noch etwas lockerer machen.

Tips:

- Man kann die Klößchen tiefkühlen.
- Die Pastetchen können auch gekauft werden. Sie sollen aber aus feinstem Blätterteig sein.

Variationen:

- Erbsen und Pfefferminze weglassen und Sauerampfer, Estragon oder sehr wenig Thymian zufügen.
- Anstelle von Erbsen oder Kräutern Lauchstreifen oder kleine, mit dem kleinsten Pariser Löffelchen ausgestochene Gemüsekugeln zufügen.

Fischleber ist etwas Delikates. Außer der bekannten Trüschenleber, die man ausschließlich beim Fischer bekommt, kann man jetzt auch im Delikateßgeschäft auf Bestellung Lachsleber kaufen.

Lachsleber auf Lauch

Kann teilweise vorbereitet werden
Arbeitsaufwand: 10 Min.
Kochzeit: 15 Min.

Trüschen-(Aalquappen-) oder Felchen-(Renken-)leber

Für 4 Personen

200 g frische Lachsleber
200 g zarter Lauch (grüner Teil)
3 Eßl. Butter
½ dl Weißwein
Salz, Pfeffer
2 Schalotten, fein gehackt
2 Eßl. trockener Sherry
1 Prise Cayennepfeffer

Den Lauch längs in sehr feine Streifen schneiden, waschen und in 1 Eßlöffel Butter anziehen lassen. Weißwein zufügen und 2 bis 3 Min. dünsten. Der Lauch soll knackig bleiben und darf seine Farbe nicht verlieren. Mit Salz und Pfeffer würzen.
Die Leber in kleine Scheiben schneiden. Die restliche Butter in einer Bratpfanne erhitzen. Die Leber mit den Schalotten sehr kurz darin anbraten. Den Lauch anrichten.
Die Leber mit Salz und Pfeffer bestreuen und in die Mitte des Lauchs geben. Den Bratenfond mit Sherry ablöschen. Mit wenig Salz und Cayennepfeffer abschmecken und über die Leber verteilen.
Wichtig: Fischleber ist genauso empfindlich wie Kalbsleber. Sie darf nur kurz gebraten werden, sonst wird sie hart.
Variationen:
- Die Leber auf Buttercroûtons anrichten.
- Zur Abwechslung auf Rührei servieren.
- Besonders raffiniert: Lassen Sie sich vom Fischer oder im Fischgeschäft die Lebern von verschiedenen Fischen geben, z. B. von Trüsche, Hecht, Felchen und Lachs. Die verschiedenen Fischlebern ganz braten, mit Kräutern (Rosmarin, Salbei oder Thymian), Salz und Pfeffer würzen und in einer delikaten Madeira- oder Rotweinsauce anrichten. Das schmeckt nicht nur sehr gut, sondern sieht auch hübsch aus, denn die Lebern sind unterschiedlich in der Farbe.

Ähnlich gefüllte Muscheln habe ich in Istanbul unter der Galatabrücke gegessen — daher ihr Name

Gefüllte Moules «Galata»

Kann vorbereitet werden
Arbeitsaufwand: 40 Min.
Kochzeit: 35 bis 40 Min.

Für 4 Personen

500 g große Miesmuscheln (Moules)
50 g schwarze Korinthen
2 Zwiebeln
2 Eßl. Olivenöl
100 g Langkornreis
4 dl Bouillon
Je 1/2 grüne und rote Paprikaschote
1 Stück rote scharfe Pfefferschote
1 Eßl. Zitronensaft
Salz
1/2 Teel. Zimtpulver
1 Prise Kardamompulver
1 Teel. Kreuzkümmel, nach Belieben
1 Eßl. gehackte Petersilie
2 Eßl. kleingeschnittene gedünstete Tomaten

Die Korinthen in lauwarmes Wasser einlegen. Die Muscheln gut putzen (s. S. 109). Die Zwiebeln hacken und in 2 Eßlöffel Olivenöl anziehen lassen. 8 Min. kochen. Den Reis zufügen, kurz andünsten, dann mit Bouillon ablöschen. Die Paprikaschoten auf dem Grill oder im Ofen rösten, bis die Haut dunkle Flecken bekommt. In eine Schüssel legen, mit einem Tüchlein decken und nach dem Abkühlen häuten. In kleine Würfel schneiden, mit den abgetropften Korinthen und der entkernten, kleingeschnittenen Pfefferschote zum Reis geben und 10 Min. weiterkochen. Den Reis mit Zitronensaft, Salz, Zimt, Kardamom und Kümmel pikant abschmecken und mit Petersilie und gedünsteten Tomaten mischen.
Die Muscheln mit einem spitzen Messer sorgfältig öffnen. Mit Reis füllen, wieder gut verschließen und mit einem Küchenfaden umwickeln. Einen Topf halbhoch mit Wasser füllen. Die Muscheln in einen passenden Siebaufsatz legen und im Dampf zugedeckt 5 bis 10 Min. garen.
Zum Servieren die Fäden aufschneiden und nach Belieben je eine Schale entfernen.
Tip: Man kann die Muscheln auch kalt servieren.

Tintenfischringe, in zarten Teig getaucht und goldgelb ausgebacken — das mögen alle gerne essen

Calamares à la Romana

Kann weitgehend vorbereitet werden
Arbeitsaufwand: 20 Min.
Backzeit: 2 Min. je Portion
Evtl. zusätzlich 30 Min. Kochzeit

Krake, Sepia

Zuerst den Teig zubereiten. Alle Zutaten ohne das Eiweiß in eine Schüssel geben und mit dem Schneebesen glattrühren. 2 Std. stehenlassen. Vor dem Backen das steifgeschlagene Eiweiß darunterziehen.
Die Tintenfische putzen (s. S. 108) und in 3 mm breite Ringe schneiden. Mit Zitronensaft, Salz und Pfeffer bestreuen und ebenfalls

zugedeckt 2 Std. im Kühlschrank ruhen lassen. Unmittelbar vor dem Servieren die Tintenfischringe gut abtropfen, durch den Teig ziehen und ausbacken.
Wichtig: Man kann nur ganz zarte, kleine Tintenfische roh ausbacken. Sobald sie größer sind, muß man sie zuerst in Ringe schneiden, dann in etwas Wein oder Bouillon 20 Min. vorkochen (im Dampfkochtopf nur 8 Min.).
Tip: Bei Verwendung von anderen Tintenfischen diese in Stücke schneiden und zu Küchlein ausbacken. Kurze Fangarme kann man ebenfalls durch den Teig ziehen.

Für 6 Personen

Teig
180 g Mehl
¼ l Weißwein
1 Teel. Salz
1 Eiweiß

2 Tintenfische (Kalmare)
Saft von 1 Zitrone
Salz, Pfeffer
Öl für die Fritüre

Muscheln an einer ganz besonders gehaltvollen Tomatensauce, auf Toasts serviert und mit viel Pfeffer bestreut

Cozze alla saracena

Muscheln nach Sarazenerart

Die Muscheln unter kaltem Wasser abbürsten, den Bart entfernen. Den Zucker in einer Bratpfanne (nicht teflonisiert) rösten, bis er hellbraun wird. Petersilie und Knoblauch mischen. Die kleingeschnittenen Tomaten ohne Saft, Olivenöl und die Hälfte der Petersilie-Knoblauch-Mischung zugeben. 4 bis 5 Minuten dünsten. Die Muscheln und den Zitronensaft, wenig Salz sowie die restliche Petersilienmischung zugeben. Zugedeckt 3 bis 4 Minuten garen, bis sich die Muscheln öffnen. Das Brot im Backofen oder im Toaster rösten. Die Butter und den Knoblauch mit einer Gabel gut mischen. Die noch warmen Brotscheiben mit der Knoblauchbutter bestreichen. Die Muscheln mit der Sauce auf die Brotscheiben anrichten und mit viel Pfeffer bestreuen.
Wein: Capri bianco oder Corvo bianco.

* geschälte Tomaten aus der Dose

Arbeitsaufwand: 40 Minuten

Für 4 Personen

1 kg Miesmuscheln (Moules)
1 gehäufter Teel. Zucker
1 Knoblauchzehe, durchgepreßt
1 großes Büschel Petersilie, gehackt
1 Dose Pelati (400 g)*
4 Eßl. Olivenöl
1 bis 2 Eßl. Zitronensaft
4 große Scheiben Bauernbrot
2 Eßl. Butter
½ Knoblauchzehe, durchgepreßt
Salz, Pfeffer

Austern eingepackt in Spinat und begleitet von Pilgermuscheln und Kaviar in einer delikaten Sauce

Austern im grünen Kleid

Arbeitsaufwand: 20 Min.
Kochzeit: 2 Min.

Für 4 Personen

12 Austern («Plates» oder «Creuses»)
12 zarte Spinatblätter
4 Pilgermuscheln (ohne «Corail»)
Butter für das Sieb
½ Rezept «Beurre blanc» (s. S. 102 f.)
1 Eßl. herber Wermut (z. B. Noilly Prat)
4 Teel. Kaviar

Die Spinatblätter kurz in kochendes Wasser geben, abgießen, dann in eisgekühltes Wasser legen. Die Austern öffnen (s. S. 110). Die Spinatblätter auf Küchenpapier trocknen. Die Austern einzeln darin einpacken. Die Pilgermuscheln öffnen und säubern (s. S. 109). Einen Topf mit Siebaufsatz halbhoch mit Wasser füllen und aufkochen. Das Sieb mit wenig Butter auspinseln. Die Muscheln und die Austernpäckchen hineinlegen. Zudecken und 2 Min. garen.

Die bereits vorher zubereitete Beurre blanc mit Wermut verfeinern. Nochmals erwärmen und auf vorgewärmte Teller verteilen. Je drei Spinatbündel, eine Pilgermuschel und einen Teelöffel Kaviar auf einen Teller anordnen.

Variationen:

- Sauce weglassen. Einen Klecks gewürzten und erwärmten sauren Halbrahm auf den Teller geben. Die Austernpäckchen und je eine Muschel darauf anrichten.
- Muschel durch ein Fischfilet ersetzen.

Eier- und Käsegerichte

Kleine, leichte Vorspeise oder delikate Bereicherung eines Frühstücks — ein Gericht, bei dem Sie Ihre Phantasie spielen lassen können. Die Präsentation in der Eierschale gibt dem Gericht einen gewissen Snob-appeal.

Ei mit Krevetten

Muß «à la minute» zubereitet werden

Für 4 Personen

4 Eier, 3 Minuten gekocht
50 g gekochte, geschälte Krevetten
1 Teel. Butter
1/4 Schalotte
Salz, Pfeffer

Schalotte fein hacken. In der Butter anziehen lassen. Krevetten hacken und zugeben. Erwärmen. Die Eier in Eierbecher stellen und einen Deckel wegschneiden (mit einem Eierschneider geht es am besten). Mit einem Mokkalöffel die Hälfte des Eiweißes aus dem Ei holen. Mit Krevetten auffüllen und würzen.
Bemerkungen: Man kann diese Eier auch in einem Töpfchen (Souffléförmchen) zubereiten. In diesem Fall alle Zutaten mit dem rohen Ei in die Form geben und im Wasserbad (auf dem Herd oder im Ofen) 5 bis 6 Minuten kochen.
Beilagen: Mit kleinen Brotstengelchen servieren und nach Belieben mit Salz und Pfeffer würzen.
Wein: Wenn als Vorspeise serviert, den Wein der Beilage anpassen, z. B. bei Kaviar, Krevetten, Lachs einen gehaltvollen Weißwein (Yvorne, weißer Burgunder) oder trockenen Sekt und bei Schinken, Kräutern usw. leichten Rotwein oder Rosé.
Variationen:
- Mit einigen Tropfen Pfeffersauce.
- Mit feingehackten, schwarzen Trüffeln.
- Mit Keta-Kaviar (rotem Kaviar).
- Mit russischem Kaviar.
- Mit gehacktem Schinken.
- Mit gehackten Poulet- oder Zungenresten.
- Mit feingehackten Zwiebeln.
- Mit Schnittlauch.
- Mit gehacktem Estragon.
- Mit gedünsteten Mini-Peperoniwürfelchen.
- Mit eingedecktem Tomatenmus.

Eine kleine, sehr einfache Vorspeise, die zugleich raffiniert und neu ist. Verlorene Eier in einer leichten, delikaten Lauch-Butter-Sauce. Fans der sogenannten «Nouvelle Cuisine» werden ihre Freude daran haben.

Cassolette d'oefs au poireau

Verlorene Eier in Lauchsauce

Kann vorbereitet werden (Eier in Heißwasser warm halten)
Arbeitsaufwand: 10 Minuten
Kochzeit: 10 Minuten

Für 4 Personen

1 Lauchstengel (mittleren, zarten, grünen Teil verwenden)
70 g Butter
Salz, weißer Pfeffer
3 Eßl. Weißwein
4 Scheiben Toastbrot
1 l Salzwasser
2 Eßl. Essig
4 sehr frische Eier

Lauch in 3 cm lange Stücke schneiden. Diese längs in sehr feine Streifen (Juliennes) schneiden. 1 Eßlöffel Butter erwärmen. Lauch hineingeben, mit wenig Salz und Pfeffer würzen. 2 bis 3 Minuten dünsten. Weißwein zufügen und ungedeckt 5 bis 6 Minuten weiterdünsten. Der Lauch soll noch leicht knackig bleiben. Toastbrot toasten. Mit einer Form kleine Herzen ausstechen (Rest des Brotes für Paniermehl verwenden!).
Salzwasser aufkochen. Essig hineingeben. Die Eier einzeln in eine Tasse aufschlagen und in das kochende Wasser gleiten lassen. 3 bis 4 Minuten bei nur ganz schwach kochendem Wasser ziehen lassen. Mit der Schaumkelle herausnehmen und in warmes Wasser legen. Nach Belieben mit einer Schere die unregelmäßig geformten Eiweißränder geradeschneiden. Kochflüssigkeit vom Lauch in ein Pfännchen gießen, nochmals aufkochen, von der Platte wegziehen und die restliche Butter in Flocken mit dem Schwingbesen darunterschlagen. Es soll eine weißliche, leicht gebundene Sauce entstehen. Mit wenig Salz nachwürzen. Den Lauch dazugeben.
Die pochierten Eier auf vorgewärmtem Pfännchen anrichten, die Lauchsauce rundherum verteilen und das Ganze mit den Herz-Croûtons garnieren.
Bemerkungen: Wer nicht gerne Eier pochiert, kann sie 5 Minuten in Wasser kochen, ab-

schrecken und dann schälen. Wichtig ist, daß sie heiß bleiben!
Wein: Ein einfacher, weißer Landwein, evtl. ein Riesling und Sylvaner, trockener Frankenwein.

Ein Lieblingsgericht meines Mannes: eine einfache französische Omelette, gefüllt mit gedünsteten Zwiebel- oder Lauchringen. Allerdings schmeckt sie nur wirklich ganz gut, wenn man frisches, junges Gemüse dazu verwendet.

Omelette «Mayola»

Kann teilweise vorbereitet werden
Arbeitsaufwand: 10 Minuten
Bratzeit: 3 Minuten

Für 2 Personen

4 sehr frische Trinkeier
Salz, Pfeffer
30 g Butter
6 zarte, junge und frische Zwiebeln oder Lauchstengel (Porree)
2 Eßl. Olivenöl

Die Zwiebeln oder Lauchstengel bis zur halben Höhe in sehr feine Rädchen schneiden. In Olivenöl unter Wenden so lange dünsten, bis sie leicht Farbe annehmen. Mit Salz und Pfeffer bestreuen. Eier mit 2 Eßlöffeln Wasser mit einer Gabel leicht verrühren. Mit Salz und Pfeffer würzen. Butter in einer zweiten, größeren Bratpfanne erwärmen. Die Eier hineingeben. Sobald sie zu stocken beginnen, mit einer Gabel ein wenig rühren, damit die noch flüssigen Eier mit dem Pfannenboden in Berührung kommen. Die gedünsteten und abgetropften Zwiebelringe darüber verteilen. Die Omelette zusammenfalten und auf eine vorgewärmte Platte gleiten lassen.
Bemerkungen: Die Omelette muß innen feucht bleiben. Man kann die Zwiebeln auch in die verquirlten Eier geben. Sie werden auf diese Art besser verteilt, schmecken aber weniger konzentriert. Am besten gelingt die Omelette, wenn sie für 2 Personen zubereitet wird. Für 4 Personen die Zubereitung wiederholen oder zwei Bratpfannen verwenden.
Beilagen: Frisches, knuspriges Brot.
Wein: Roter oder weißer Landwein.
Variation: Anstelle der jungen Zwiebeln lassen sich Schalotten verwenden.

Omelette jurassienne

Jura-Omelette

Für 4 Personen

1 ½ dl Milch
½ dl Rahm
1 Prise Salz
6 Eier
50 g Magerspeckwürfelchen
3 Eßl. Butter
½ Zwiebel
200 g vorgekochtes Gemüse (Rüebli, Erbsen, Blumenkohlröschen, Spinat usw.)
2 Kartoffeln, in der Schale knapp gargekocht
150 g Käse (Jura-Käse), kleingewürfelt

Milch, Rahm, Salz und Eier verrühren. Die Speckwürfelchen anziehen lassen. Einen Eßlöffel Butter und die würflig geschnittene halbe Zwiebel beifügen, 1 bis 2 Minuten dünsten, dann die kleingeschnittenen Gemüse und Kartoffeln zugeben. Alles gut mischen. Das Gemüse portionenweise mit wenig Käsewürfeln in eine Bratpfanne geben, Eier darübergießen und die Omelette beidseitig ausbacken. Man kann die Omelette zunächst auch ohne Füllung, d. h. nur mit Zwiebeln und Speck backen, dann mit Kartoffeln, Gemüse und Käsewürfeln belegen und zusammenklappen.

Für große Esser — eine etwas üppige Vorspeise, die man mit Vorteil vor einem leichten Hauptgericht serviert

Mozzarella in carrozza

Mit Brot ausgebackene Mozzarellascheiben

Arbeitsaufwand: 30 Minuten

Für 4 Personen

400 g Weißbrot, 1 bis 2 Tage alt
500 g Mozzarella
2 Eier
1 Eßl. Mehl
2 Eßl. Milch
Salz
Erdnußöl zum Ausbacken

Das Brot in 16 knapp 1 cm dicke Scheiben schneiden. Den Mozzarella in 8 Scheiben schneiden, die etwas kleiner als die Brotscheiben sind.
Je 1 Mozzarellascheibe zwischen 2 Brotscheiben legen. In einer großen Schüssel die Eier, das Mehl, die Milch und das Salz sehr gut verrühren. Die Käse-Sandwichs so lange hineinlegen, bis sie unter gelegentlichem Wenden alle Flüssigkeit aufgesogen haben. Das Öl stark erhitzen. Bei den Sandwichs die Ränder gut zusammendrücken und 2 bis 3 Stück auf einmal im Öl goldgelb ausbacken. Gut abtropfen lassen und sofort servieren.

73 Vende Form aggio Parmigiano.

Die Fonduta ist mehr als nur ein Fondue. Sie wird mit geröstetem Brot oder auf Gemüse als Vorspeise serviert, kann aber auch als oberste Schicht auf einen Risotto gegeben werden. Wer es sich leisten kann, bestreut diese delikate Käsecreme mit weißen Trüffelscheiben.

Fonduta

Piemontesisches Käsefondue

Kann vorbereitet werden
Arbeitsaufwand: 20 Minuten
Kochzeit: 10 Minuten

Für 4 Personen

400 g Fontina-Käse
2 dl Milch
5 Eßl. Butter
4 Eigelb
Weißer Pfeffer aus der Mühle

Den Käse in kleine Stücke schneiden. In einen Topf geben. Mit Milch übergießen und mehrere Stunden (am besten über Nacht oder vom Morgen bis zum Abend) stehenlassen. Den Topf in ein Wasserbad stellen, die Butter dazugeben und unter ständigem Rühren zu einer glatten Creme, die keine Fäden mehr zieht, schmelzen. Die Eigelbe, Stück um Stück, unter kräftigem Rühren beifügen. Es muß eine dicke, cremige Masse entstehen. Mit Pfeffer würzen und in Teller verteilen. Mit geröstetem Brot sofort servieren.
Tip: Im Piemont, dem Herkunftsgebiet dieser Spezialität, wird die Fonduta mit weißen Trüffeln serviert.

Wichtige Zutaten und Anweisungen

Anmerkung
In den Kapiteln «Fisch und Meeresfrüchte kalt» sowie «Fisch und Meeresfrüchte warm» finden Sie das Signet mit einer Auswahl von Fischen, Schalen- und Krustentieren, die sich auch für das betreffende Rezept eignen. Da Fische nicht wie andere Nahrungsmittel jederzeit erhältlich sind, werden Sie oft genötigt sein, auf eine dieser ebenso empfehlenswerten Varianten auszuweichen.

Mayonnaise

Von Hand gerührt
Die Eigelbe in eine kleine Schüssel geben. Mit Senf verrühren. Dann tropfenweise Öl zugeben, dabei ständig mit dem Schneebesen rühren. Sobald die Sauce fest ist, unter Rühren langsam den Zitronensaft beifügen. Dann unter tüchtigem Rühren das restliche Öl gleichmäßig dazugießen, bis die Mayonnaise die gewünschte Konsistenz hat. Mit Salz und Pfeffer abschmecken.

Arbeitsaufwand: 15 Min.

2 Eigelb
½ Teel. scharfer Senf (Dijon), nach Belieben
3 bis 5 dl Öl
Saft von 1 kleinen Zitrone oder 1 bis 2 Teel. Weißweinessig
Salz, weißer Pfeffer

Im Mixer zubereitet
Diese Mayonnaise kann mit 1 Eigelb und 1 ganzen Ei zubereitet werden. Zuerst die Eier mit oder ohne Senf im Mixer verquirlen, dann Öl und zuletzt Zitronensaft oder Essig zufügen.

Wichtig: Alle Zutaten müssen die gleiche Temperatur haben. Deshalb 1 Std. vorher in der Küche bereitstellen. Mayonnaise sollte nicht länger als 1 bis 2 Tage im Gemüseabteil des Kühlschranks aufbewahrt werden.

Tips:
- Damit die Schüssel beim Rühren der Mayonnaise nicht rutscht, kann man ein feuchtes Tuch darunterlegen.
- Retten läßt sich eine mißlungene Mayonnaise im Mixer durch Zugabe von 1 bis 2 Eßlöffeln heißem Wasser oder von einem zerdrückten gekochten Eigelb, das man gründlich unter die Sauce rührt.

Variationen, passend zu Fischgerichten:
- Leichte Mayonnaise:
  Mayonnaise mit Quark, saurem Halbrahm, Joghurt oder steifgeschlagenem Rahm mischen.
- Grüne Mayonnaise:
  Gehackte Kresse oder Spinat und/oder Kräuter darunterrühren. Evtl. Quark zugeben.

- Mayonnaise à la provençale:
  Tomatenpüree, gehackte Sardellenfilets, Knoblauch, wenig Cayennepfeffer und Kräuter beifügen.
- Mit Austern:
  12 gekochte Austern, 1 Eßlöffel Austernsud.
- Mit Kaviar:
  30 g russischer Kaviar; schmeckt ausgezeichnet zu frischem, pochiertem Lachs.
- Mit Kapern:
  2 Teelöffel Kapern.

Beurre blanc

Weiße Butter

Arbeitsaufwand: 15 Min.

Für 4 Personen

50 g Schalotten, fein gehackt
2 Eßl. Weißweinessig
4 Eßl. trockener Weißwein
100 g frische Butter
2 Eßl. Rahm
Salz, weißer Pfeffer

Schalotten mit Essig und Weißwein bei kleiner Hitze einkochen, bis nur noch 3 Eßlöffel Flüssigkeit vorhanden ist. Durch ein feines Sieb in einen Topf gießen und dabei die Schalotten gut auspressen. Die Butter in kleine Stücke schneiden. Den Extrakt wieder erhitzen, Rahm zugeben, kurz einkochen, dann die Temperatur stark reduzieren und die Butter stückchenweise darunterschlagen. Die Sauce soll dabei heiß bleiben, sollte aber nicht kochen. Mit Salz und Pfeffer abschmecken.
Wichtig: Für diese etwas heikle Sauce gibt es unzählige Rezepte. Auch ich variiere die «Beurre blanc» je nach Weiterverwendung.

Den Rahm füge ich bei, weil die Sauce dadurch stabiler wird. Nach klassischen Rezepten sollte viel mehr Butter zugefügt werden. Es geht aber auch so. Merken muß man sich bei der Zubereitung, daß die Butter mit genügend Flüssigkeit geschlagen werden muß. Verdampft der Essig oder der Wein zu stark, scheidet die Butter wieder aus. Man kann durch Beifügen von etwas warmem Wein oder Wasser die Sauce im Mixer retten.
Die Beurre blanc sollte nach Möglichkeit sofort nach der Zubereitung auf den Tisch kommen. Geht das nicht, muß man sie vorsichtig warm halten und eventuell im letzten Moment im Mixer nochmals rühren. Zum Warmhalten stellt man das Gefäß auf einen mit heißem Wasser gefüllten Topf (das Wasser darf aber nicht kochen!). Sollten Fettaugen sichtbar werden, muß man die Sauce sofort wieder durchrühren.
Tip: Für Ängstliche gibt es kleine Saucenrührwerke mit eingebautem Thermostat zu kaufen. Darin läßt sich der Extrakt zubereiten und danach bei richtiger Temperatur die Butter einrühren. Alles geht von selbst, ohne Risiko. Das Ganze dauert aber eine Weile, und das Gerät muß zeitlich so eingestellt werden, daß die Zubereitung mit der Garzeit des Fisches übereinstimmt.
Variationen:
- Champagner-, Sherry- oder Estragonessig verwenden.
- 1 Eßlöffel Noilly Prat zufügen.
- 1 Eßlöffel Kaviar oder Kräuter darunterziehen.
- Die Schalotten in der Sauce belassen (z. B. wenn die Sauce zu «Hecht blau» serviert wird).

Fumet de poisson

Grundrezept

Arbeitsaufwand:
10 Min.
Kochzeit: 30 Min.

100 g geschnittene Zwiebeln oder Schalotten
2 Eßl. Butter
1 bis 2 Petersilienstiele
2 ½ dl Weißwein
1 Teel. weiße Pfefferkörner
1 ½ kg Fischgräten und -köpfe

Die Zwiebeln in der Butter anziehen lassen. Alle Zutaten, ausgenommen Fischgräten und -köpfe, zusammen mit 2 l Wasser aufkochen. 20 Min. kochen. Die Fischgräten und -köpfe zugeben und 10 Min. weiterkochen. Ab und zu abschäumen. Erkalten lassen, absieben und bis zur Verwendung kühl stellen oder (in kleinen Bechern oder Eiswürfelbehältern) einfrieren.

Tip: Gräten, Fischköpfe und andere Fischabfälle vor der Verwendung kalt abspülen.

Variation: Als Basis für Rotweinsaucen den Weißwein durch Rotwein ersetzen und 100 g Champignons, 2 Lorbeerblätter sowie 5 Knoblauchzehen beifügen. Diesen Fischfond nennt man in der Fachsprache «Fond de poisson au vin rouge».

Glace de poisson:

Der oben beschriebene «Fumet de poisson» läßt sich unter Rühren in einem großen Topf zur konzentrierten «Glace de poisson» einkochen. Dieser Extrakt ist im Kühlschrank 2 bis 3 Wochen haltbar und kann auch (in Eiswürfelbehältern oder Joghurtbechern) tiefgekühlt werden.

Wichtig: Die Glace de poisson leistet bei der Zubereitung von delikaten Fischsaucen unersetzliche Dienste, denn nicht immer hat man gerade einen Fumet de poisson zur Hand oder verfügt über Fischgräten und -köpfe, um einen Fond zuzubereiten.

Fischgelee:

Zur Zubereitung von Fischen in Sülze.

Der oben beschriebene Fumet de poisson wird mit der doppelten Menge Steinbuttgräten und -häuten zubereitet, die Gelierstoffe abgeben. Danach wird er noch um die Hälfte eingekocht.

Um zu prüfen, ob der Sud genug eingekocht ist, gibt man ein wenig davon auf einen kleinen Teller. So sieht man die Festigkeit des Gelees. Ist der Fond noch zuwenig fest, kann man durch die Beigabe von wenig Gelatine nachhelfen. Leider hinterläßt die Gelatine, wenn sie nicht mehr frisch ist oder falsch behandelt wird, einen unangenehmen Leimgeschmack. Deshalb die Gelatine zuerst kalt einweichen, auspressen und in etwas warmem Fischsud auflösen, durch ein feines Sieb abgießen und unter den noch flüssigen Gelee mischen. Nicht mehr kochen!

Fischbouillon

Grundrezept für Fischsuppen

Arbeitsaufwand: 10 Min.
Kochzeit: 15 Min.

Für etwa 2,2 l
1 große Zwiebel oder 4 Schalotten
1 Lauchstange
1 kleines Stück Sellerie
1 Eßl. Butter
2 1/2 dl Weißwein
1 1/2 kg Fischgräten, -köpfe und -abfälle
1 bis 2 Petersilienstiele
1 Knoblauchzehe
1/2 Lorbeerblatt
1 Teel. weiße Pfefferkörner

Zwiebel, Lauch und Sellerie grob schneiden. In der Butter kurz anziehen lassen, mit dem Weißwein ablöschen und 2 l Wasser dazugießen. Fischgräten und -köpfe, Petersilie, Knoblauch und Lorbeerblatt beifügen. Aufkochen und halb zugedeckt 15 Min. weiterkochen. Ab und zu abschäumen. Den Pfeffer mit dem Nudelholz oder im Mörser leicht zerdrücken. 5 Min. vor Ende der Kochzeit zufügen. Die Fischbouillon erkalten lassen, absieben und bis zur Verwendung kühl stellen oder einfrieren.
Wichtig: Guten Weißwein verwenden! Nur ganz frische Gräten, Köpfe und Fischabfälle kochen. Keine Haut von fetten Meeresfischen oder großen Süßwasserfischen verwenden, sie könnten einen Trangeschmack abgeben. Am besten eignen sich die Fischabfälle der für die Suppeneinlage verwendeten Fische oder Seezungengräten.
Tip: Gräten, Köpfe und andere Fischabfälle vor der Verwendung gut kalt abspülen.

Weinsud

6 dl Weißwein (gute Qualität)
Wenig Thymian
1 Lorbeerblatt
4 bis 5 Pfefferkörner, leicht zerdrückt
Je 1 Zweiglein Petersilie und Selleriekraut
1 Eßl. Salz
1 große Zwiebel, geschnitten
Ein Kräutersäcklein mit Salbei, Kerbel, Dill, Estragon
Trique-Madame, nach Belieben

Alle Zutaten mit 2 dl Wasser 30 Min. kochen, den Sud erkalten lassen. Den ganzen Fisch oder große Fischscheiben in den kalten Sud legen und langsam erwärmen. Den Fisch garen lassen (nie strudelnd kochen!).
Für Forellen, Hecht und delikate Meeresfische wie z. B. Wolfsbarsch (Loup de mer), Petersfisch (St-Pierre), Krustentiere und Muscheln.

Basis für gewisse raffinierte Saucen, die einen Muschelgeschmack aufweisen sollen

Muschelsud

2 kg Muscheln, wie Venusmuscheln (Praires), Sandklaffmuscheln (Clams/Vongole), Teppichmuscheln (Palourdes), Herzmuscheln (Coques) usw.
100 g Schalotten
1 Zwiebel
2 Eßl. Butter oder Olivenöl (je nach Weiterverwendung)
2 bis 3 Petersilienstiele
1 Lorbeerblatt
1 Knoblauchzehe
½ l guter Weißwein
Wenig Salz, Pfeffer

Die Muscheln unter fließendem Wasser sehr gut abbürsten. Schalotten und Zwiebel hacken und in Butter anziehen lassen. Petersilie, Lorbeerblatt und durchgepreßten Knoblauch zufügen. Mit Weißwein ablöschen, kurz aufkochen, dann 2 l Wasser zugeben. Wenig salzen und pfeffern. 30 Min. kochen, dann den Sud durch ein feines Sieb passieren, wieder in den Topf geben und auf die Hälfte oder noch konzentrierter einkochen. Die ausgekochten Muscheln sind nicht mehr verwendbar. Der Sud läßt sich auch tiefkühlen.
Wichtig: Ab und zu enthalten solche Muscheln etwas Sand. Deshalb muß die Flüssigkeit gut passiert werden. Ist noch Sand vorhanden, kann man die Flüssigkeit auch filtrieren, z. B. durch einen Kaffee-Papierfilter.

Fond für Suppen und Saucen aus Schalentieren

Für etwa 5 dl

400 g Hummer-, Langusten- oder Krebsschalen
3 Eßl. eingesottene Butter oder Olivenöl
300 g verschiedene Gemüse (Karotten, Sellerie, Zwiebel, Lauch, evtl. Fenchel), in sehr kleine Würfel geschnitten
2 Eßl. Cognac
3 Eßl. Weißwein
5 dl Fischfond
1 Lorbeerblatt
1 Zweiglein Thymian
1 Teel. Pfefferkörner
2 Gewürznelken
1 kleines Stück rote Pfefferschote, scharf
1 Prise Fenchelsamen, nach Belieben

Die Schalen in kleine Stücke brechen. Die Butter erhitzen. Die Schalen zufügen und unter ständigem Rühren mit einem Holzlöffel leicht anrösten. Sobald die Schalen rot werden, die Gemüse zugeben und 1 bis 2 Min. mitrösten. Mit Cognac begießen und das Ganze flambieren. Wein zugießen. Fischfond, Lorbeerblatt, Thymian, Pfefferkörner, Nelken, Pfefferschote und evtl. Fenchelsamen beifügen. Zugedeckt bei kleiner Hitze 30 Min. kochen. Durch ein Tuch oder ein feines Sieb gießen. Je nach Verwendung weiterverarbeiten.

Wichtig: Meistens werden bereits gekochte Schalen für einen Fond weiterverwendet. In diesem Fall kann man wenig Tomatenpüree mit den Gemüsen mitdünsten, damit die Farbe intensiver wird.

Tip: Dieser Fond läßt sich in Joghurtbechern tiefkühlen. Dazu kann man ihn etwas mehr einkochen.

So putzt man Tintenfische

Wichtig: Bei kleinen Tintenfischen (Pulpitos oder Moscardinos) kann man den kleinen runden Sack einfach umstülpen, um ihn zu säubern. Für diese Arbeit mit Zitronensaft gesäuertes Wasser bereitstellen und die Hände darin ab und zu eintauchen.

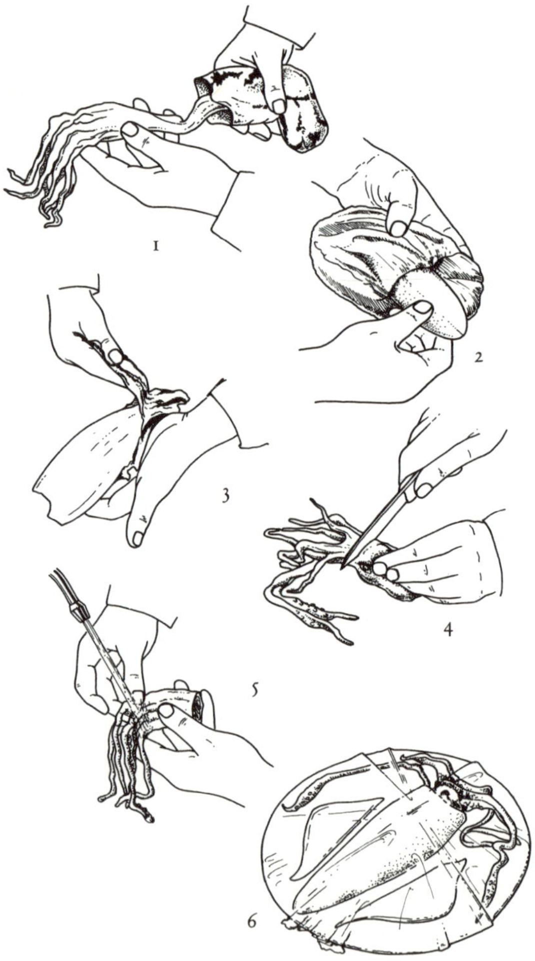

1
Den Kopf mit der linken Hand fassen und langsam aus dem Sack ziehen. Die Eingeweide kommen meistens mit. Der Tintenbeutel befindet sich zwischen den Eingeweiden. Will man den Tintenfisch in seiner Tinte zubereiten, schneidet man am besten den Körper längs auf, um den Tintenbeutel nicht zu verletzen.

2
Mit den Fingern in den Körper langen und alles, was noch darin verblieben ist, herausholen; auch das Fischbein herausziehen.

3
Die Oberfläche des Körpers von der Membrane befreien.

4
Die Augen und alle harten Teile vom Kopf wegschneiden.

5
Körper, Kopfreste und Fangarme unter fließendem Wasser gut waschen. Dabei auch die Membrane abreiben.

6
Die eßbaren Teile auf Küchenpapier trocknen, auf einen Teller legen und mit einer Klarsichtfolie abdecken. Geputzte Tintenfische sind 2 bis 3 Tage im Kühlschrank haltbar.

Das Putzen der Miesmuscheln

Tip: Roh geöffnet werden Miesmuscheln (Moules) nur, wenn man sie, wie beispielsweise in Frankreich, auf einem «Plateau de fruits de mer» serviert. In diesem Fall mit einem spitzen Messer eine Öffnung suchen und mit Fingerdruck die Muschelschalen auseinanderziehen. Dabei achtgeben, daß das Muschelfleisch mit der Messerspitze nicht verletzt wird.
Andere Muscheln, wie Sandklaff- oder Teppichmuscheln (Clams, Vongole), Samtmuscheln (Amandes de mer) usw., werden auf dieselbe Art geöffnet.
Oft sind die Pilgermuscheln sehr schwer zu öffnen, besonders wenn sie ganz frisch sind. In diesem Fall kann man sie bei Küchentemperatur belassen, bis sich die Schalen von selbst öffnen. Dann sofort öffnen und nicht länger liegenlassen.

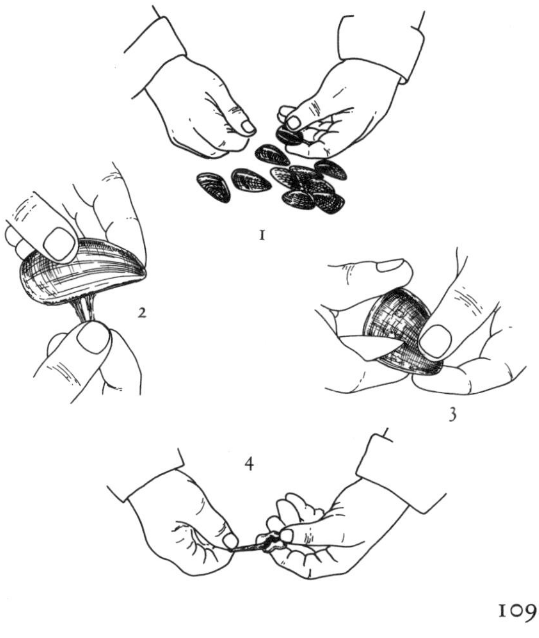

1
Die Muscheln zuerst sortieren: Offene Muscheln, die sich bei Fingerdruck nicht schließen, und zerbrochene Muscheln wegwerfen.

2
Den Bart (Byssus), das kleine, mit Fasern behangene Büschel, das aus der Muschel ragt, mit einem Ruck herausziehen und abreißen.

3
Die Muscheln unter fließendem Wasser mit Hilfe einer kleinen, kräftigen Bürste putzen. Unebenheiten, die nicht entfernt werden können, mit einem kleinen Messer wegkratzen. Danach die Muscheln in viel kaltes Wasser geben, gut schwenken und abtropfen.

4
Muscheln, die man ohne Schalen servieren will, nach dem Kochen noch einmal putzen, indem man die dunkle Randpartie, die dem Muschelfleisch anhaftet, wegzieht.

Das Öffnen der Austern

Tip: Flache Austern lassen sich besser öffnen, wenn man nicht mit der Messerspitze, sondern mit der Mitte der Messerklinge ins Gelenk eindringt.
Zum Austernöffnen gehört eine gewisse Routine. In Frankreich ist es schon fast ein Beruf. Es werden sogar Wettbewerbe veranstaltet, um herauszufinden, wer in der kürzesten Zeit die größte Menge Austern öffnen kann.

1
Die Auster mit der spitzen Seite gegen sich auf eine Serviette legen. Mit der linken Hand unter dem Tuch fassen, so daß sie durch das Tuch geschützt wird. Mit der Spitze des Austernmessers oben links in die kleine Öffnung des Gelenkes stechen.

2
Die Auster mit einer Drehbewegung des Messers aufbrechen und die beiden Schalen voneinander trennen.

3
Den Muskel der Auster mit dem Messer durchtrennen, indem die Klinge entlang der oberen Schale geführt wird. Die obere Schale entfernen. Die untere Schale sorgfältig auf eine Platte legen. Dabei darauf achten, daß die Austernflüssigkeit nicht ausläuft.

4
Splitter, die durch das Öffnen entstanden sind, entfernen. Die Schale mit der linken Hand waagrecht festhalten. Die Klinge des Messers unter das Austernfleisch gleiten lassen und den Muskel, der sie an der Schale festhält, durchtrennen.

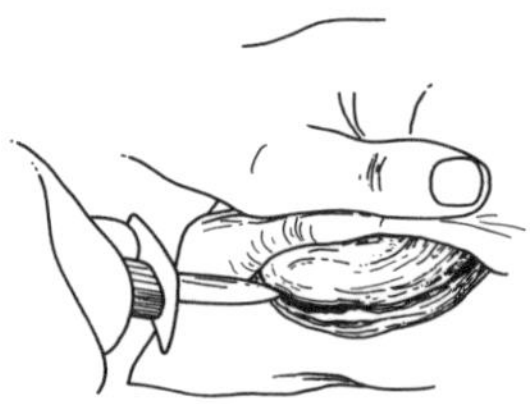
1

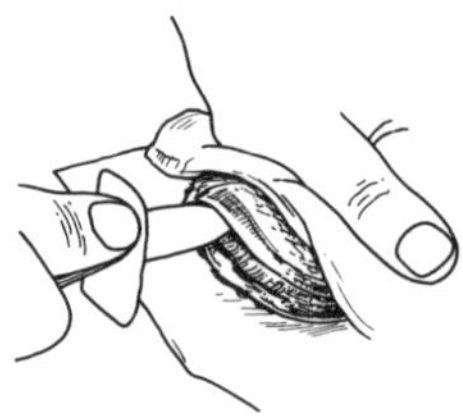
2

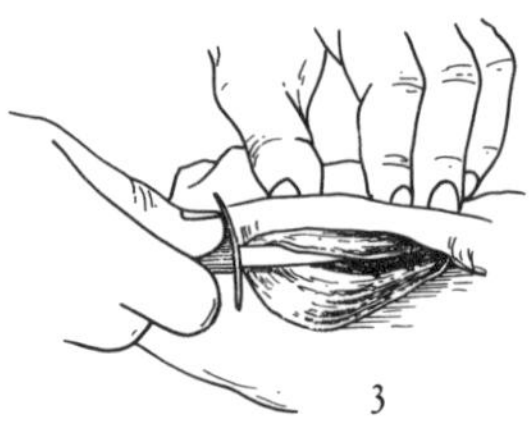
3

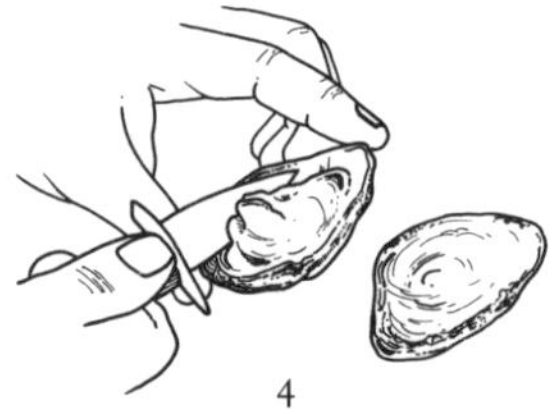
4

Das Kochen und Öffnen von Taschenkrebsen

Die Krebse werden in kochendes, gesalzenes Wasser oder in einen «Court-bouillon» (z. B. Weinsud) gelegt und je nach Gewicht 15 bis 25 Min. gekocht (Kochzeit für 1 kg: 25 Min.). Sind die Krebse noch lebend, müssen sie kopfvoran in siedendes Wasser gegeben werden. Der Sud muß sie vollkommen bedecken.
Nach dem Kochen läßt man sie im Sud abkühlen. Wenn sie «nature» serviert werden, schmecken sie lauwarm am besten. Krebse, die man weiterverarbeiten will, sollten nur knapp gegart werden.

1

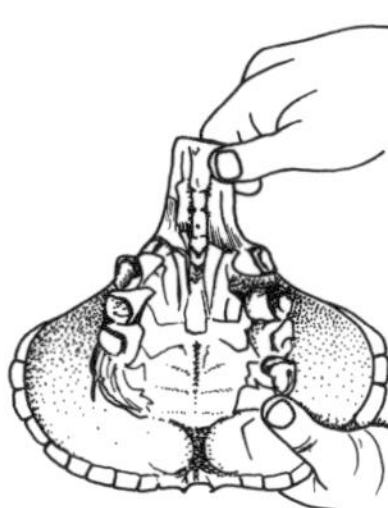
2

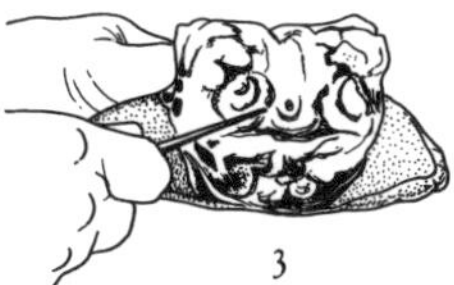
3

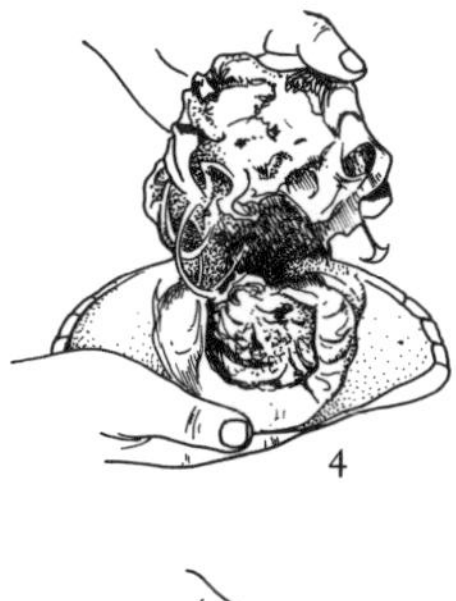
4

5

6

1
Wie beim Hummer Scheren und Beine herausziehen. Die Scheren aufschlagen. Das Fleisch aus den Beinansätzen herausholen.

2
Die Schwanzplatte an der Unterseite abdrehen und entfernen.

3
Die Spitze eines starken Messers (darf nicht biegsam sein) zwischen der Schale des Taschenkrebses und dem Körper einstechen. Die Unterseite dem Schalenrand nach mit dem Messer lösen.

4
Die Unterseite mit dem daranhängenden Fleisch aus der Schale ziehen. Das in der Schale verbliebene Fleisch mit einem kleinen Löffel herausholen.

5
Die Unterseite von den Kiemen befreien.

6
Die Unterseite halbieren und das darin enthaltene Fleisch mit der Hummergabel aus den Höhlungen herausholen.